Saskia Ax

Digitale Eifersucht

Der Einfluss von Social Media auf die Eifersucht in einer Paarbeziehung

Bibliografische Information der Deutschen Nationalbibliothek:

Die Deutsche Nationalbibliothek verzeichnet diese Publikation in der Deutschen Nationalbibliografie; detaillierte bibliografische Daten sind im Internet über http://dnb.d-nb.de abrufbar.

Impressum:

Copyright © Science Factory 2019

Ein Imprint der Open Publishing GmbH, München

Druck und Bindung: Books on Demand GmbH, Norderstedt, Germany

Covergestaltung: Open Publishing GmbH

Zusammenfassung

Social Media, wie Facebook, Instagram und WhatsApp, sind mittlerweile in der Gesellschaft fest verankert. Jedoch gibt es auch hier, wie bei jedem Medium, negative Aspekte, die mit Social Media in Verbindung gebracht werden. Diese reichen von Datenmissbrauch bis Suchtverhalte (Aretz, Becher, Casalino & Bonorden, 2010). In dieser Bachelorarbeit wird das Phänomen Eifersucht in einer Paarbeziehung, die aus der Nutzung von Social Media resultiert (kurz: digitale Eifersucht), betrachtet. Ziel ist es, an Hand einer deutschen Stichprobe N=106, herauszufinden, ob Social Media Einfluss auf die Eifersucht in einer romantischen Beziehung haben. Ferner soll analysiert werden, welche Faktoren in diesem Kontext auf die Eifersucht in einer Liebesbeziehung wirken. Hierbei wird davon ausgegangen, dass die Häufigkeit von Selfies posten positiv mit der Eifersucht zusammenhängt. Ebenfalls wird vermutet, dass ein Kommentar von einer fremden Person des anderen Geschlechts, Einfluss auf die Eifersucht hat, sowie die Häufigkeit von „gefällt mir"-Markierungen vom Partner unter Bildern von unbekannten Personen und die Kommunikation mit anderen Personen, während der Partner dabei ist. Um dies zu prüfen, wird eine mehrstufige Datenerhebung, mit einem explorativen Interview und einer Online-Befragung, durchgeführt. Die Ergebnisse zeigen, dass die Variablen, Häufigkeit von geposteten Selfies, Kommentare von unbekannten dritten Personen, Anzahl von `gefällt-mir´-Markierungen, sowie die Kommunikation alle in einem positiven Zusammenhang mit Eifersucht stehen. Daraus lässt sich schießen, dass Social Media Einfluss auf die Eifersucht in einer romantischen Beziehung haben.

Abstract

Meanwhile social media, like Facebook, Instagram and WhatsApp, are in the society deep-seated. However, as with every medium, there are negative aspects that are associated with social media. These range from data abuse to addictive behavior (Aretz, et. al., 2010). In this Bachelor thesis the phenomenon of jealousy in a romantic relationship that results from the use of social media (short: digital jealousy) is considered. The objective is to find out in a German sample N = 106, whether social media has an influence on the jealousy in a romantic relationship. In addition, it will be analyzed which factors from social media affect jealousy in a love affair. It is assumed that the frequency of Selfies post is positively related to jealousy. It is also assumed that a comment by an unknown person of the opposite sex, influences jealousy, as well as the frequency of 'likes'-markings from the partner under a picture of unknown person and the communication with other persons, while the partner is thereby. To verify this, a multi-stage data collection is carried out, with an exploratory interview and an online survey. The results show that the variables, frequency of Selfie posts, number of 'like'-markers, as well as communication is all in a positive connection with jealousy. Thus it can be assumed that social media have an influence on jealousy in a romantic relationship.

Inhaltsverzeichnis

Zusammenfassung III

Abstract IV

Abbildungsverzeichnis VII

Tabellenverzeichnis VIII

1 Einleitung 1

2 Theoretische Grundlagen 3

    2.1 Definition Social Media 3

    2.2 Definition Eifersucht 3

    2.3 Eifersucht 4

    2.4 Formen von Eifersucht 5

    2.5 Behandlungsbedürftige Eifersucht 7

    2.6 Eifersuchtsmotive 8

    2.7 Eifersuchtsreaktionen 10

    2.8 Geschlechtsspezifische Unterscheidung der Eifersucht 11

    2.9 Social Media 13

    2.10 Digitale Eifersucht 20

    2.11 Zwischenfazit 23

    2.12 Hypothesen 23

3 Methode 26

    3.1 Forschungsdesign 26

    3.2 Stichprobenbeschreibung 31

    3.3 Auswertungsmethoden 32

4 Ergebnisse **34**

4.1 Einfluss UV1: Selfies 34

4.2 Einfluss UV 2: Streit aufgrund eines Kommentars 36

4.3 Einfluss UV3: Häufigkeit von „gefällt mir"-Markierungen 37

4.4 Einfluss UV 4: Beschäftigung mit dem Smartphone 39

4.5 Vergleich zwischen den Geschlechtern in Bezug auf Eifersucht 40

4.6 Zusammenfassende Betrachtung der Ergebnisse 41

5 Diskussion **43**

5.1 Diskursive Auseinandersetzung mit den Ergebnissen 43

5.2 Methodische Diskussion 46

6 Fazit **49**

7 Literaturverzeichnis **51**

7.1 Internetquellen 59

Anhang **62**

Abbildungsverzeichnis

Abbildung 1: Nutzer Vergleich Web 1.0 zu Web 2.0 13

Abbildung 2: Computeransicht Facebook Startseite 15

Abbildung 3: Mobile Ansicht bei erhalt von WhatsApp Nachrichten 17

Abbildung 4: Facebook Profil 18

Abbildung 5: Profilbild aus Facebook 20

Tabellenverzeichnis

Tabelle 1: Überblick der Forschungshypothesen 24

Tabelle 2: Ergebnisse der Inhaltsanalyse 'Fremde Person' 28

Tabelle 3: Ergebnis der Inhaltsanalyse 'Profilbilder' 28

Tabelle 4: Ergebnisse der Inhaltsanalyse 'Kommunikation 29

Tabelle 5: t-Test verbundene Stichprobe 34

Tabelle 6: Zusammenhang zwischen der Häufigkeit von Selfies, die der Partner postet und der Eifersucht 35

Tabelle 7: Zusammenhang zwischen der Häufigkeit von Selfies, die der Partner postet und der Kontrolleifersucht 35

Tabelle 8: Korrelation zwischen der Häufigkeit von Streits, aufgrund eines Kommentars unter einem Selfie des Partners und der Eifersucht 36

Tabelle 9: Korrelation zwischen der Häufigkeit von Streits, aufgrund eines Kommentars unter einem Selfie des Partners und der Kontrolleifersucht 37

Tabelle 10: Zusammenhang zwischen Häufigkeit von „gefällt mir"-Markierungen unter Bildern von fremden Personen des anderen Geschlechts und der Eifersucht 37

Tabelle 11: Zusammenhang zwischen Häufigkeit von „gefällt mir" Markierungen unter Bildern von fremden Personen des anderen Geschlechts und der Kontrolleifersucht 38

Tabelle 12: Zusammenhang zwischen „Häufigkeit der Beschäftigung mit dem Smartphone und nicht mit dem Partner" und „Eifersucht" 39

Tabelle 13: Zusammenhang zwischen Häufigkeit der Beschäftigung mit dem Smartphone und nicht mit dem Partner und Kontrolleifersucht 39

Tabelle 14: Verteilung der Ränge 40

Tabelle 15: Ergebnisse aus dem U-Test 40

Tabelle 16: Ergebnisse aus dem U-Test der Kontrolleifersucht 41

1 Einleitung[1]

Social Media sind in der Gesellschaft und bei vielen Menschen bereits im Alltag verankert. Eine Onlinestudie von der ARD und ZDF fand, für das Jahr 2016 heraus, dass 24 Millionen Deutsche auf Facebook aktiv sind, 6,4 Millionen posten Bilder und Videos auf Instagram und 37 Millionen Deutsche nutzen den Messenger Dienst WhatsApp. Doch warum sind diese Angebote so beliebt? Hauptbeweggründe für die Nutzung von Social Media sind zum einen die Posts zu lesen und Fotos von Freunden anzuschauen und zum anderen Kommentare und Fotos auf der Seite von Freunden oder auf der eigenen Seite zu posten (Novelli, 2012). Aufgrund dieser Möglichkeiten ist es einfach geworden, am Leben anderer teilzunehmen, obwohl kein persönlicher Kontakt besteht. Eine Studie von Bitkom Research (2015) stellte fest, dass 16 bis 18 Jährige hauptsächlich selbstgemachte Bilder posten, während selbstgeschriebene Texte nur seltener veröffentlich werden. Daher kann davon ausgegangen werden, dass Social Media ein Medium zur Selbstdarstellung sind. Jeder User hat im Durchschnitt ca. 130 Freunde in der Kontaktliste (Christakis & Flower, 2010), mit denen ein User unterschiedliche Beziehungen pflegt und mit denen der Nutzer Ausschnitte aus seinem Leben teilt.

Doch welche Auswirkungen haben all die veröffentlichten Informationen auf den Partner? Können Bilder und Texte falsch interpretiert werden, sodass Eifersucht entsteht? Im Internet lassen sich Artikel, wie „ Immer mehr lassen sich wegen Facebook scheiden" (Welt, 2009) oder „Soziale Netzwerke: Der Mythos vom Scheidungsgrund Facebook" (Adeoso, 2012) finden. Was steckt genau hinter diesen Titeln? Mit Sicherheit kann gesagt werden, dass Social Media positive Auswirkungen auf eine Liebesbeziehung haben können. Paare, die eine Fernbeziehung führen, haben die Möglichkeit über verschiedene Angebote, wie WhatsApp, einfach und wann immer sie[2] möchten miteinander zu kommunizieren (Bacigalupe & Lambe, 2011).Außerdem zeigen Studien von Bowe (2010) und dem Team von Coyne, Stockdale, Busby, Iverson und Grant (2011), dass bestimmtes Nutzungsverhalten positiv mit der Zufriedenheit in einer Beziehung korreliert, wie zum Beispiel das öffentliche Anzeigen des Beziehungsstatus oder das posten von Pärchen Bilder. Doch wie alle Dinge im Leben existieren auch hier negative Aspekte. Haben Social

---

[1] Aus Gründen der guten Lesbarkeit wird im Folgenden auf eine geschlechterspezifische Unterscheidung bei Formulierungen wie beispielsweise „jeder" verzichtet. Es sind jedoch immer beide Geschlechter im Sinne der Gleichbehandlung angesprochen.

Media Einfluss auf die Eifersucht in einer Liebesbeziehung? Haben Selfies Einfluss auf die Eifersucht oder verstärkt ein Kommentar von einer fremden Person des jeweils anderen Geschlechts die Eifersucht in einer Beziehung? Hat die Kommunikation ebenfalls Einfluss auf die Eifersucht? In dieser Bachelorarbeit sollen diese Fragen bearbeitet werden. Dafür wird zunächst geklärt, was Eifersucht ist und der Bereich Social Media betrachtet. Hier liegt der Fokus besonders auf der Kommunikation und der Selbstdarstellung, um mögliche Aspekte abzudecken, die Einfluss auf die Eifersucht haben. Danach wird auf den aktuellen Forschungstand eingegangen, der bereits zur Eifersucht in Social Media vorliegt. Anhand der Theorie werden untergeordnete Hypothesen generiert und anschließend geprüft. Dies beinhaltet eine Beschreibung der Stichprobe, die Auswahl der Methode und die Ergebnisse. Die anschließend noch diskutiert werden um daraus ein Fazit zu ziehen.

2 Theoretische Grundlagen

In diesem Kapitel werden zunächst die Begriffe Social Media und Eifersucht definiert. Darauf folgen die Themenbereiche Eifersucht, Social Media und die digitale Eifersucht.

2.1 Definition Social Media

Unter dem Begriff Social Media wird eine Vielzahl unterschiedlicher Web-Angebote zusammengefasst, auf denen soziale Interaktionen durchgeführt werden (Kilian, 2010). Social Media sind also eine Auswahl an digitalen Medien und Technologien. Damit ist hauptsächlich Facebook gemeint, sowie Instagram und WhatsApp. Facebook, welches zu den sozialen Netzwerkseiten gehört wird über die Kernfunktionen, wie Profil, Freunde hinzufügen und die Kommunikation, definiert. Nutzer können Informationen über die eigene Person auf ihrem Profil, auch Pinnwand oder Chronik genannt, veröffentlichen (Wagner &Brüggen, 2013). Sie können neue Kontakte ihrer Freundesliste hinzufügen (Beer, 2008; Boyd & Ellison, 2007) und mit anderen Nutzern kommunizieren (Mucundorfeanu, 2010). Instagram ist ein Applikation, um Bilder und Videos festzuhalten und diese mit Freunden und Followern zu teilen (Hu, Manikonda & Kambhamati, 2014). Follower sind Personen, die konstant Nachrichten erhalten (Dudenredaktion, o.J.) oder in diesem Fall Bilder und Videos. WhatsApp hingegen ist ein Messenger Dienst, der hauptsächlich über das Smartphone genutzt wird. Der Nutzer kann wie in einer Art Chat mit einzelnen Freunden oder auch mit Gruppen schreiben(Mai und Wilhelm, 2015).

2.2 Definition Eifersucht

Eifersucht ist eine wichtige und soziale Emotion (Schützwohl, 2011) und bei fast jedem Menschen bekannt. Der Evolutionspsychologe David Buss (2003) fand in einer Studie heraus, dass fast alle Probanden schon einmal eine Phase von Eifersucht erlebt haben. Obwohl Eifersucht ein universales Gefühl ist, existieren keine einheitlichen Definitionen.

Es lassen sich jedoch verschiedene Typen von Eifersucht unterscheiden, die durch unterschiedliche Beziehungskonstellationen zustande kommen. Es existiert Eifersucht zwischen Geschwistern, zwischen Liebespaaren oder in einer Eltern-Kind-Beziehung (Aretz, Becher, Casalino & Bonorden, 2010).

Im Kontext von Liebesbeziehungen, wird häufig von einem „sozialen Dreieck" gesprochen. Das rührt daher, das Eifersucht in (Liebes) Beziehungen häufig dann vorkommt, wenn diese Beziehung von einer dritten Person real oder imaginär bedroht wird (White & Mullen, 1989; Parrott & Smith, 1993). Daher definiert Bruck (1992, S. 15) Eifersucht wie folgt:

> „'Eifersüchtige' nennen wir gemeinhin eine Person, die nicht damit einverstanden ist, wenn sie durch eine besondere Beziehung eines Verwandten, Freundes, Partners oder Gatten mit Dritten vernachlässigt, „betrogen" oder bedroht wird – vermeintlich oder tatsächlich und nicht nur sexuell."

Wenn Eifersucht durch oder in Social Media auftritt wird der Begriff digitale Eifersucht verwendet. Jedoch handelt es sich dabei um dieselbe Eifersucht, von der gerade die Rede war. Lediglich der Ort hat sich verändert, an dem die Eifersucht ausgelöst wird. Bei der Digitalen Eifersucht wird die Bedrohung in der virtuellen Welt gesehen und nicht beispielsweise in einem persönliches Gespräch oder einem Treffen mit einer anderen Person.

Zusammenfassend lässt sich sagen, dass es sich bei der digitalen Eifersucht um die gleiche Emotion handelt, wie bei herkömmlichen Eifersucht. Eifersucht, eine Kombination von Gefühlen und Gedanken, die entstehen, wenn wahrgenommen wird, dass eine Beziehung durch einen Dritten bedroht wird, egal ob dies in der realen Welt geschieht oder virtuell über Social Media. Daher ist für Eifersucht eine existierende zwischenmenschliche Beziehung notwendig (Bruck, 1990).

2.3 Eifersucht

Das Gefühl der Eifersucht empfindet jeder Mensch in bestimmten Situationen unterschiedlich stark (Russel & Harton, 2005). So haben Studien, die sich mit Eifersucht beschäftigt haben gezeigt, dass Eifersucht mit Vertrauen in den Partner und dem Selbstwertgefühl zusammenhängt. Je weniger dem Partner vertraut wird, desto häufiger wird das Gefühl der Eifersucht empfunden (Couch & Jones, 1997; Xiaojun, 1996). Ebenso wurde untersucht, ob eine Korrelation zu den sogenannten Big Five der Persönlichkeit besteht. Die Big Five bezeichnet ein Fünf-Faktoren Modell der Persönlichkeit und besteht aus den Merkmalen Verträglichkeit, Gewissenhaftigkeit, Offenheit für neue Erfahrungen, Neurotizismus und Extraversion (Myers, 2008). Diese Untersuchungen haben jedoch keine einheitlichen Ergebnisse gezeigt. Melamed (1991) beispielsweise hat einen signifikanten Effekt von Neurotizismus auf die Eifersucht herausgefunden, während Wade und Walsh (2008) keinen Einfluss entdeckt haben. In einer anderen Studie wurde der Beziehungsfaktor, Bindung an die Partnerschaft (Thibaut & Kelly, 1959) untersucht. Die Ergebnisse dieser Studie zeigen, dass Paare, die in einer starken innigen Beziehung, leben, weniger Eifersucht empfinden, als Paare, die noch nicht lange zusammen sind (Thibaut & Kelly, 1959).

Zum Auslösen von Eifersucht ist die subjektive Wahrnehmung von emotionaler und/oder sexueller Untreue entscheidend (White & Mullen, 1898), oder der Verlust von Aufmerksamkeit (Teismann & Mosher, 1978).

Im weiteren Verlauf werden die unterschiedlichen Formen von Eifersucht vorgestellt, die sich auf die subjektive Wahrnehmung der eifersüchtigen Person beziehen.

2.4 Formen von Eifersucht

Die Experten sind sich nicht einig, wenn es um die Einteilung des Schweregrads und um die Formen von Eifersucht geht. Freud (1922, zitiert nach Ulich & Mayring, 2003) unterschied drei Stufen von Eifersucht. Die erste nannte er die `normale Eifersucht`. Sie zeichnet sich durch eine reale Situation aus, in der geglaubt wird, seinen Partner durch einen Rivalen verloren zu haben. Dabei wird Trauer und Schmerz sowie ein feindseliges Gefühl gegenüber der dritten Person verspürt. Die zweite Stufe, ´projizierte Eifersucht´, hängt nach Freud mit der eigenen Untreue, die verdrängt wird, zusammen. Diese Untreue wird auf den Partner projiziert. Die dritte Stufe ist die ´wahnhafte Eifersucht´. Diese wird gleichfalls durch die eigene Untreue erzeugt, ereignet sich jedoch im Kontext einer homosexuellen Beziehung. Die eigene Tendenz zur Homosexualität wird verdrängt und durch den Hass gegenüber dem Rivalen abgewehrt.

Eine andere Gruppe differenziert zwischen antizipatorischer/argwöhnischer Eifersucht und reaktiver/fait-accompli Eifersucht (Hupka, 1991, zitiert nach Hupka & Otto, 2009). Der Unterschied zwischen diesen beiden Formen liegt darin, dass antizipatorische/argwöhnische Eifersucht durch einen Verdacht ausgelöst wird, zum Beispiel durch häufiges Schreiben mit einer anderen Person oder mehrmalige Überstunden im Büro (Hupka & Otto, 2009). Typische Kennzeichen dieser Form sind Hinterherspionieren, Misstrauen und Wachsamkeit, sowie den Partner daran hindern, mit möglichen Rivalen in Kontakt zu bleiben (Hupka & Otto, 2009). Reaktive/fait-accompli Eifersucht hingegen entsteht durch ein offensichtliches Verhalten des Partners, wie zum Beispiel Flirten mit einer anderen Person, während der Partner dabei ist (Hupka & Otto, 2009).

Eine weitere Differenzierung existiert bei Mees und Schmitt (2003). Beide unterteilen Eifersucht in drei Formen: Verdachts-, Gewissheits- und Vernachlässigungseifersucht. Die Verdachtseifersucht kommt durch einen nicht bestätigten Verdacht zustande, dass der Partner eine moralische Grenze überschritten hat (Mees & Schmitt, 2003). Bei der Gewissheitseifersucht wiederum hat der Partner die moralischen Grenzen überschritten (Mees & Schmitt, 2003). Von der Definition her sind sich die Verdachts- und die Gewissheitseifersucht mit der reaktiven/fait-accompli und antizipatorischen/argwöhnischen Eifersucht sehr ähnlich. Die beiden Forscher unterscheiden jedoch noch eine weitere Form: die Vernachlässigungseifersucht. Hier fühlt sich die eifersüchtige Person von seinem Partner vernachlässigt, da er seine Aufmerksamkeit einer dritten Person schenkt (Mees & Schmitt, 2003).

Auch Ellis (1977) unterscheidet zwei Formen von Eifersucht. Diese sind ebenfalls nahezu identisch mit der reaktiven/fait-accompli und antizipatorischer/argwöhnischer Eifersucht. Jedoch nennt er diese rationale Eifersucht und irrationale Eifersucht.

Da hauptsächlich zwei Formen von Eifersucht, durch Verdacht und durch Realität, unterschieden werden, und diese Unterscheidung auch zum größten Teil durch Erfahrungen von Menschen bestätigt und von Sozialpsychologen untersucht wurden (Buunk, 1989 zitiert nach Bringle & Buunk1991; Pfeiffer & Wong, 1989, Salovey & Rodin, 1989; White & Mullen, 1989), sollen diese Formen der Eifersucht noch einmal genauer betrachtet werden.

2.4.1 Argwöhnische Eifersucht

Wie bereits im Kapitel 2.2 dargelegt, entsteht Eifersucht unter anderem dann, wenn eine Person in einer intimen Beziehung lebt und diese Beziehung durch einen Dritten bedroht sieht. Diese Wahrnehmung der Bedrohung wird in manchen Fällen von endogenen Faktoren, also inneren Komponenten, ausgelöst, die durch Angst und Projektion des Eifersüchtigen bedingt ist (Bringle & Buunk, 1991). Daraus folgt nach Bischof (2014), dass diese Faktoren durch eigene psychische Veranlagungen so interpretiert werden. Merkmal der misstrauischen Eifersucht ist, dass bereits ein geringes Interesse des Partners an einer Person des anderen Geschlechtes als Bedrohung empfunden wird. Eine Aussage des Partners über eine Person im Fernsehen kann dafür schon ausreichend sein. Anzeichen für misstrauische Eifersucht sind Grübeln, Hinterherspionieren, Misstrauen, Argwohn und Wachsamkeit (Bringle & Buunk, 1991; Pfeiffer & Wong, 1989). Die eifersüchtige Person versucht mit allen Mitteln den Kontakt zum Rivalen zu verhindern zum Beispiel durch aktive Kontrolle des Partners, damit keine Situation zustande kommt, die Eifersucht auslösen könnte (Buunk, 1986).

2.4.2 Reaktive Eifersucht

Reaktive Eifersucht entsteht durch eindeutige Anzeichen des Partners, wie flirten mit einer fremden Person, anfreunden mit einer unbekannten Person, Austausch intimer Informationen oder aber auch sexueller Kontakt (Bringle &Buunk, 1991). So liegt bei reaktiver Eifersucht meist ein gerechtfertigter Grund vor, aufgrund dessen das Gefühl der Eifersucht entsteht. Die Emotionen, die bei reaktiver Eifersucht entstehen, wurden noch nicht genau definiert. Jedoch zeigen Studien, die sich mit dieser Form der Eifersucht beschäftigt haben, bestimmte gemeinsame Emotionen, wie Wut, Angst und Trauer (Buunk & Dijkstra, 2001, 2006).

2.5 Behandlungsbedürftige Eifersucht

Die vorliegende Arbeit beschäftigt sich nur mit der 'normalen' Eifersucht im Sinne von Freud (1922, zitiert nach Ulich & Mayring, 2003). Neben der 'normalen' Eifersucht existieren auch behandlungsbedürftige Formen von Eifersucht. Die Einordnung, wann es sich um bahndlungsbedürftige Eifersucht handelt, wurden im Laufe der Zeit vor dem Hintergrund sozialer und kultureller Veränderungen jeweils neu gewertet (Soyka, 1992). So wurde in Zeiten, als die Monogamie noch als soziale und moralische Forderung galt, Eifersucht als Schutz der Integrität der Familie angesehen. In der Zeit, in der die Partnerwahl freier und individueller geschieht, führt dies eher zu einer Pathologisierung der Eifersucht (Soyka, 1992). Die krankhafte Eifersucht ist schon lange für ihre Aggressivität, Gewalttätigkeit und für Tötungsdelikte bekannt (Soyka, 2005). Es gibt in der Literatur einige Versuche, behandlungsbedürftige Eifersucht zu definieren und genaue Grenzen zu ziehen (Csef, 2005). Es ist jedoch nach wie vor schwierig, korrekt einzuschätzen, wann Eifersucht behandelt werden sollte und wann nicht (Csef, 2005). Aus der Literatur zeigt sich jedoch, dass es zum einen die Eifersucht als Symptom einer psychischen Krankheit und dass sie zum anderen als Syndrom existiert.

2.5.1 Eifersucht als Symptom einer psychischen Erkrankung

Bekannt ist, dass Eifersucht ein Symptom psychischer Störungen und Krankheiten sein kann (Soyka, 2005; Bruck, 1992, Csef, 2005; Soyka, 1992). Zum einen bei Persönlichkeitsstörungen, besonders aber bei einer paranoiden Persönlichkeitsstörung (Csef, 2005). Auch bei einer Psychose, wie der Schizophrenie, kann die

Eifersucht ein Nebensymptom der Krankheit sein (Csef, 2005). Weitere Krankheiten, bei denen begleitend Eifersucht auftreten kann, sind beispielsweise eine zerebrale Schädigung, fortgeschrittene Multiple Sklerose sowie Alkohol- oder Drogenmissbrauch. Als unspezifisches Begleitsymptom wird Eifersucht unter anderem bei paranoiden Störungen gefunden (Bruck, 1992; Csef, 2005). Eifersucht ist jedoch erst dann ein Symptom, wenn folgende Bedingungen erfüllt sind.

- Die Krankheit tritt früher oder gleichzeitig mit der Eifersucht auf.
- Die Entwicklung und der Verlauf der Eifersucht hängen mit dem Fortschreiten der Krankheit zusammen.
- Die klinischen Merkmale treten mit der Eifersucht auf und es existieren keine Anzeichen, die die Untreue des Partners bestätigen würden (Bruck, 1992).

2.5.2 Psychopathologisch spezifisches Syndrom oder Eifersuchtswahn

Der Begriff krankhafte Eifersucht, auch Othelle-Syndrom genannt, wird für wahnhafte Eifersuchtsgedanken verwendet (Soyka, 1991). Bei Eifersuchtswahn ist der Betroffene von der Untreue des Partners überzeugt und diese Überzeugung kann durch nichts korrigiert werden. Außerdem versucht der Betroffene die Schuld seines Partners mit diversen konstruierten oder auch unwahren Fakten zu beweisen (Soyka, 1991). Das Syndrom Eifersucht ist daher „eine Form des wahnhaften Beeinträchtigungserlebens, so wie der Verfolgungswahn." (Deister, 2011, S. 113). Häufig können die wahnhaften Eifersuchtsgedanken mit Alkoholismus in Zusammenhang gebracht werden.

2.6 Eifersuchtsmotive

„Direkte Ursachen sind nicht so sehr übertriebenes „Besitzdenken" oder mangelndes Selbstwertgefühl, sondern zahlreiche verschiedene Bedürfnisse und Begehren (Motive)" (Bruck, 1992, S.13).Es werden die eigenen Bedürfnisse und Begehren in den Vordergrund gestellt, was auch als egoistisch bezeichnet werden kann. Egoismus wird daher auch als Grundmotiv für Eifersucht gesehen. Wer eifersüchtig reagiert, möchte sich vor Bedrohungen, durch eine dritte Person, oder vor Schmerz schützen (Bruck, 1990). Es handelt sich jedoch um eine subjektive Wahrnehmung, ob eine Beziehung durch eine andere Person bedroht wird. Das Gefühl von Eifersucht entsteht nicht nur, wenn der Partner beim Fremdgehen erwischt wird, sondern auch wenn ein möglicher Rivale in der Nähe des Partners ist (Schultz, 1980) oder mit ihm in Kontakt steht. Daher können es auch nur Befürchtungen oder ein Verdacht sein.

Bruck (1992) hat sechs Situationen, die zur Eifersucht führen aus der Literatur herausgearbeitet und in verschiedene Motive aufgeteilt: das Bestandsmotiv, das Exklusivitätsmotiv, das Zuwendungsmotiv, das Selbstwertmotiv, das Unversehrtheitsmotiv sowie das Neidmotiv. Diese werden im Folgenden vorgestellt.

Bestandsmotiv

Bei dem Bestandsmotiv, hat die eifersüchtige Person Angst seinen Partner, der ihm sehr wichtig ist, an eine andere Person zu verlieren (Bruck, 1992 zitiert nach Tiefer, 1981). Dabei ist es noch nicht einmal von Bedeutung, den Partner für sich alleine zu haben, sondern ein Motiv könnte sein, dass er zum Beispiel weiter als Ernährer für die Familie da ist (Bruck, 1992). Häufig wird die Verlustangst des Partners als repräsentatives Kriterium für Eifersucht angesehen.

Exklusivitätsmotiv

Das Exklusivitätsmotiv besagt, dass die eifersüchtige Person ihren Partner nicht teilen möchte. Dies bezieht sich hauptsächlich auf physische und psychische Sexualität, wie auch auf Liebe, Kuscheln und so weiter (Bruck, 1990). Wird das Gefühl ausgelöst, der Partner sorgt sich mehr um eine dritte Person, kann Eifersucht entstehen (Bruck, 1992). Der Wunsch nach Einzigartigkeit spielt hier eine große Rolle (Bruck, 1990).

Zuwendungsmotive

Bei diesem Motiv handelt es sich nicht nur um sexuelle Begehren, sondern weitergefasst um Zuwendung und Beachtung, die vom Partner erwartet werden. So entsteht Eifersucht, wenn das Gefühl auftritt, zu wenig Beachtung zu erhalten oder nicht geliebt zu werden (Bruck, 1992 zitiert nach Baumgart, 1985a). Der Wunsch für den Partner wichtig oder gar unersetzbar zu sein, ist bei dem Zuwendungsmotiv ein entscheidendes Kriterium (Bruck, 1992 zitiert nach Parott, 1991).

Selbstwertmotiv

Eifersucht kann ausgelöst werden, wenn Vergleiche zu einem Rivalen gezogen werden und dabei das Gefühl entsteht, schlechter als dieser abzuschneiden (Bruck, 1990). Ursache dafür ist häufig Unsicherheit und geringes Selbstwertgefühl (Benard & Schlaffer, 1985). Für viele ist es beispielsweise nur schwer zu ertragen, einem früheren Lebensgefährten des aktuellen Partners in einer Sache unterlegen oder vermeintlich weniger attraktiv zu sein. Jedoch können auch äußerst selbstbewusste Menschen eifersüchtig werden, zum Beispiel aufgrund des Zuwendungsmotivs (Bruck, 1992).

Unversehrtheitsmotiv

Untreue kann schmerzhaft sein, da sie zu Einsamkeit führt (Bruck, 1992). Daher bezieht sich diese Motivgruppe auf das eigene Wohlergehen aber auch auf das des Partners. Sobald zum Beispiel die Harmonie und Zufriedenheit bedroht werden, kann Eifersucht entstehen.

Neidmotiv

Eifersucht entsteht auch durch eine ungleiche Behandlung eines Partners. Wenn ein Partner über viele Kontakte zum anderen Geschlecht verfügt, der andere jedoch nicht oder es ihm nicht erlaubt wird derartige Kontakte zu unterhalten. Auch wenn der Partner mehr Zeit mit einem Rivalen verbringt oder sich ihm gegenüber verständnisvoller zeigt, kann dies als Neidmotiv angesehen werden. Jedoch hat das Motiv große Ähnlichkeit mit dem Zuwendungsmotiv.

2.7 Eifersuchtsreaktionen

Das Spektrum an Eifersuchtsreaktionen ist sehr vielfältig und reicht vom Nichtstun bis zur Tötung (Hupka, 1981). Das hängt von der jeweiligen Persönlichkeit ab. So bestimmt nicht das Ereignis oder der Auslöser über unsere Eifersuchts-Reaktion, sondern der persönliche Reaktionsstil oder die Eifersuchtspersönlichkeit (Bruck, 1992).

Buss und Schmitt (1993) haben zudem einen Unterschied zwischen den Geschlechtern identifiziert, wie diese bei Eifersucht reagieren. Männer reagieren im Allgemeinen eher aggressiv und heftiger als Frauen. Diese wiederum reagieren generell eher emotional

Eifersuchtsreaktionen können in drei Kategorien eingeteilt werden: Empfindungen, Kognitionen und Handlungen (Bruck, 1990).

2.7.1 Empfindungen

Gefühle als Reaktion auf Eifersucht sind häufig Scham, Angst, Hass und Aggressivität (Buunk, 1984; Jones, 1930). Jedoch werden noch weitere Empfindungen genannt, wie Zorn, Niedergestimmtheit, Lustlosigkeit, Wut, Zweifel, Demütigung, Pessimismus und Scheu (Baumgart, 1985b; Grold, 1972). Das Spektrum der vielen verschiedenen negativen Emotionen, hebt noch einmal hervor, wie vielfältig Eifersucht ist und welche unterschiedlichen Gefühle auftreten können.

2.7.2 Kognitionen

Das Hauptmerkmal der Kognitionen als Eifersuchtsreaktion, besteht darin, dem Partner ein schlechtes Gewissen einzureden, indem ihm die eifersüchtige Person Vorwürfe macht (Baumgart, 1985a). Es ist also eine Art Bestrafung für den anderen, in der Hoffnung, dass dieser seine Lektion daraus lernt. Aber auch das Hinterherspionieren und den Partner kontrollieren fallen in diese Kategorie (Bruck 1990 zitiert nach Baumgart, 1985a). Die Kontrolle wird hier jedoch nicht genutzt, um Macht zu demonstrieren, sondern um eigene Ziele (Motiverfüllung) zu erreichen (Bruck, 1990). Eines dieser Ziele besteht darin, durch Kontrolle das Auftreten von Eifersuchtsanlässen zu vermeiden.

2.7.3 Verhalten

Verhalten ist die am häufigsten beobachtete Reaktion auf Eifersucht. (Bruck, 1990). Aufgrund von Eifersucht wird dem Partner misstraut und dieser kontrolliert. Durch Kontrolle soll unter anderem festgestellt werden, ob der Partner sich gemäß seiner Äußerungen oder Zusagen verhält, zum Beispiel auch tatsächlich zu einem geschäftlichen Termin fährt oder nicht mit Personen des jeweils anderen Geschlechts verkehrt. (Bruck, 1990). Das Verhalten, als Reaktion auf Eifersucht kann aber noch weit über Kontrolle hinausgehen und kann zur Körperverletzung bis hin zur Tötung des Partners führen oder auch zum Suizid (Bruck, 1990).

2.8 Geschlechtsspezifische Unterscheidung der Eifersucht

Männliche und weibliche Eifersucht lässt sich in verschiedener Hinsicht unterscheiden. Jedoch kann nicht pauschal gesagt werden, welches das eifersüchtigere Geschlecht ist. Grund dafür ist, dass nicht genau definiert werden kann, was eine schlimmere Eifersucht bedeutet oder wie die schlimmere Eifersucht ausgedrückt wird (Bruck, 1992). Frauen und Männer lassen sich jedoch durch ihre Eifersuchtsreaktion unterscheiden. Studien belegen, dass Frauen mehr dazu neigen emotional zu reagieren, während Männer eher gewalttätig und aggressiv sind (Buss & Schmitt, 1993). Befunde zur Intensität von Eifersuchtsreaktionen sind in Bezug auf die Geschlechter nicht einheitlich. Untersuchungen von Francis (1977) und Teisman und Mosher (1978) mit einer Stichprobe von College Studenten zeigten, dass Männer eifersüchtiger reagieren als Frauen. Andere Studien hingegen konnten keinen signifikanten Unterschied feststellen (Bringle & Williams, 1979; Hansen, 1982; Bringle, Roach, Andler & Evenbeck, 1979). Weitere Studien mit anderen Stichproben fanden heraus, dass Frauen in der Intensität signifikant eifersüchtiger sind als Männer (Buunk, 1981, Hansen, 1985). Aufgrund der unterschiedlichen Ergebnisse, könnte der Grad der Eifersuchtsreaktionen auch abhängig von der Stichprobe sein.

Gender Unterschiede lassen sich bei den Auslösern von Eifersucht finden. Frauen reagieren stärker auf eine emotionale Untreue ihres Partners, während Männer heftiger auf sexuelle Untreue reagieren (Buss, Larsen, Western & Semmelroth, 1992). Zudem sind Männer mehr um ihr Ansehen besorgt (Francis, 1977). Es wurde ein signifikanter Zusammenhang zwischen der Eifersucht eines Mannes und dem Bedürfnis des Partners nach sexueller Abwechslung gefunden. Umgekehrt korrelierte jedoch die Eifersucht der Frau nicht mit diesem Bedürfnis (Buunk, 1986).

Diese geschlechtsspezifischen Unterschiede lassen sich durch die sozialbiologische Theorie erklären (Bringle & Buunk, 1991). Diese besagt, dass die Investitionen in die Fortpflanzung für Frauen größer sind als für Männer. Dabei bezieht sich diese Aussage auf das Verhältnis der Anzahl von Eiern zu der von Spermien. Zudem müssen Frauen mehr Zeit für die Schwangerschaft und Elternzeit investieren und benötigen dafür einen höheren Energieaufwand. Daraus lässt sich schließen, dass der Konkurrenzkampf um Frauen größer ist, als um Männer, da Männer in ständiger sexueller Bereitschaft sind. Frauen können daraus den Vorteil ziehen, dass sie selektiv einen passenden Partner aussuchen können, während Männer einen Fortpflanzungserfolg bei vielen Frauen erzielen können. Bezüglich der Partnerwahl, fokussieren sich also die Frauen darauf, dass sie einen gesunden Partner finden, der sich um den Unterhalt und um den Schutz der Familie kümmert (Bringle & Buunk, 1991).

In Bezug auf Eifersucht lässt sich sagen, dass für eine Frau der primäre Nachteil, von einem Mann verlassen zu werden darin besteht, den Versorger bzw. Beschützer zu verlieren, wogegen der primäre Nachteil für den Mann darin besteht, ein uneheliches Kind groß ziehen zu müssen. Die Eifersucht bezieht sich also auf die elterliche Investition in die Reproduktion (Bringle & Buunk, 1991). Dieser theoretische Ansatz könnte der Grund dafür sein, dass Frauen mehr auf emotionale Untreue reagieren. Sie befürchten verlassen zu werden und keinen Unterhalt und Schutz mehr vom Partner zu erhalten. Männer hingegen reagieren extremer auf sexuelle Untreue, weil sie befürchten, nicht der biologische Vater eines künftigen Kindes zu sein.

Dieser Zusammenhang sollte jedoch kritisch betrachtet werden, da heutzutage viele Frauen arbeiten und ihren Unterhalt selbst verdienen. Frauen sind nicht mehr in dem Maße wie früher wirtschaftlich von Männern abhängig.

2.9 Social Media

Der Fluss von Informationen und die Kommunikation haben sich durch das Internet fundamental verändert. Alles ist schneller, globaler, wirtschaftlicher und unkontrollierbarer geworden (Haider, 2012). Die User sind aktive Akteure, die mitbestimmen, welche Inhalte veröffentlicht werden. Außerdem können sie Sachverhalte kommentieren, löschen oder weitere Informationen hinzufügen (Schilliger, 2010). Diese aktive Partizipation wird Web 2.0 genannt und grenzt sich gerade durch diese aktive Teilnahme vom Web 1.0 ab, bei dem die Nutzer hauptsächlich bereits bestehende Inhalte konsumierten (Schilliger, 2010). Anhand von Abbildung 1 werden die Unterschiede zwischen Web 1.0 und Web 2.0 deutlich. Eine Dimension betrachtet den Grad der aktiven Mitgestaltung, während eine zweite Dimension den Kommunikationsaspekt beinhaltet. Individuelle Kommunikation bedeutet in diesem Zusammenhang etwa E-Mails schreiben. Es handelt sich also um Nachrichten, die nur für eine oder mehrere ausgewählte Personen bestimmt sind. Blog- und Pinnwandeinträge sind dahingegen für alle Interessierten zugänglich, deshalb wird hier von einer öffentlichen Kommunikation gesprochen.

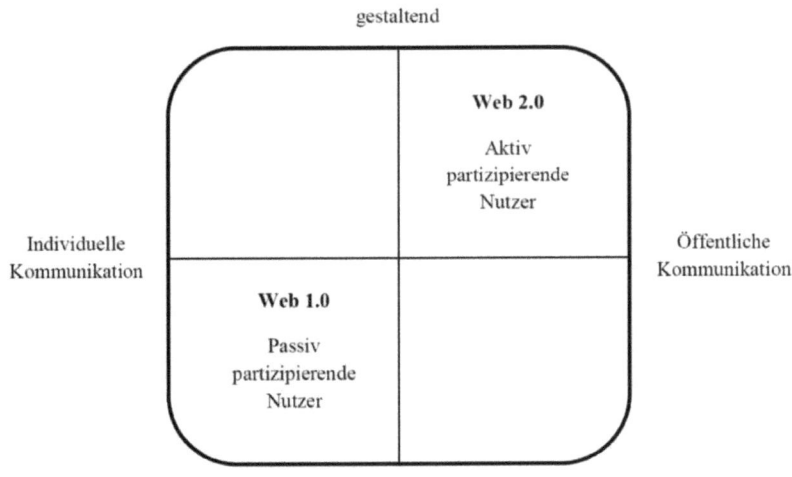

Abbildung 1: Nutzer Vergleich Web 1.0 zu Web 2.0
(Gerhards, Klinger & Trump, 2008, S. 133).

Aufgrund der Entwicklung und Verbreitung des Internets konnten Menschen die entstehenden Räume für Social Media einnehmen (Haider, 2012). Der Austausch zwischen den Nutzern umfasst eine Vielzahl an Angeboten, die unter anderem das veröffentlichen von Bildern aber auch einen direkten Kommunikationsaustausch mit anderen Mitgliedern umfassen (Weinberg, 2010). Durch das markieren von Bildern, zum Beispiel mit „gefällt mir", kann der User Beiträge bewerten und durch Kommentare seine Meinung dazu äußern. Social Media sind also Community-Websites, auf denen Informationen, Erkenntnisse und Sichtweisen ausgetauscht werden können (Weinberg, 2010). Die Nutzer sind selbst die Produzenten dieser Websites. Dabei tritt deutlich hervor, dass es sich nicht um einen kurzfristigen Trend handelt, sondern um eine gesellschaftliche Veränderung. (Mergel, Müller, Parycek & Schulz, 2013). Text, Bild, und Audio werden in verschiedenen Kombinationen zur Kommunikation untereinander verwendet (Scheffler, 2014). Ein wesentlicher Bestandteil, der Social Media sind die sozialen Netzwerke. Zu den wichtigsten sozialen Netzwerken gehört die Internetseite Facebook und die Foto und Video Applikation Instagram. Soziale Netzwerke ermöglichen es den Nutzern, eine virtuelle Identität zu generieren und ein Netzwerk aufzubauen (Haider, 2012). Der Begriff soziale Netzwerke existierte jedoch schon bevor es das Internet gab. Er bezeichnet ist ein Geflecht von Beziehungen zwischen Menschen, die Online und/oder in der realen Welt existieren (Haider, 2012). Diese Beziehungen unterscheiden sich durch ihren Stärkegrad (Haider, 2012). Je nach Nutzer werden soziale Netzwerke verwendet, um mit bestehenden Kontakten in Verbindung zu bleiben oder neue Bekanntschaften aufzubauen. Nach Parks und Floyd (1996) bleiben die neuen Bekanntschaften meist auch nur virtuelle, denn nur bei jedem Dritten kam ein persönliches Treffen zustande. Eine spätere Studie von Lampe, Ellison und Steinfield (2006) konnte dies bestätigen. Der Fokus der Nutzer von sozialen Netzwerken liegt darin mit Menschen in Kontakt zu bleiben und weniger um neue kennenzulernen. Daraus lässt sich schließen, dass die Kommunikation in sozialen Netzwerken eine wichtige Rolle spielt. So legt es gerade Facebook darauf an, dass User öffentliche Inhalte mit anderen Nutzern teilen (Ziegler, 2012). Das Profil jedes Nutzers steht besonders im Vordergrund, da sie hierüber persönliche Informationen öffentlich machen können. Ohne diese aktive Mitarbeit der Nutzer, könnte soziale Netzwerke wie Facebook und Instagram nicht bestehen. Sie sind darauf angewiesen, dass sich ihre User aktiv mit einbringen.

Die Nutzer sind durch das Smartphone ständig mit dem sozialen Netz verbunden und können so stets auf dem neusten Stand bleiben und sehen, was ihre Freunde gerade unternehmen oder posten(Haider, 2012). Auf Facebook und Instagram ist dafür die jeweilige persönliche Startseite besonders bedeutend, da dort die Neuigkeiten von Freunden angezeigt werden (Haider, 2012). Bei Facebook sind dies hauptsächlich Informationen von Freunden, aber auch Werbeanzeigen oder Posts von Seiten, denen gefolgt wird. Außerdem wird dort angezeigt, welche Nutzer aus der Freundesliste aktuell online sind, um mit ihnen zu chatten. Dies wird in Abbildung 2 dargestellt.

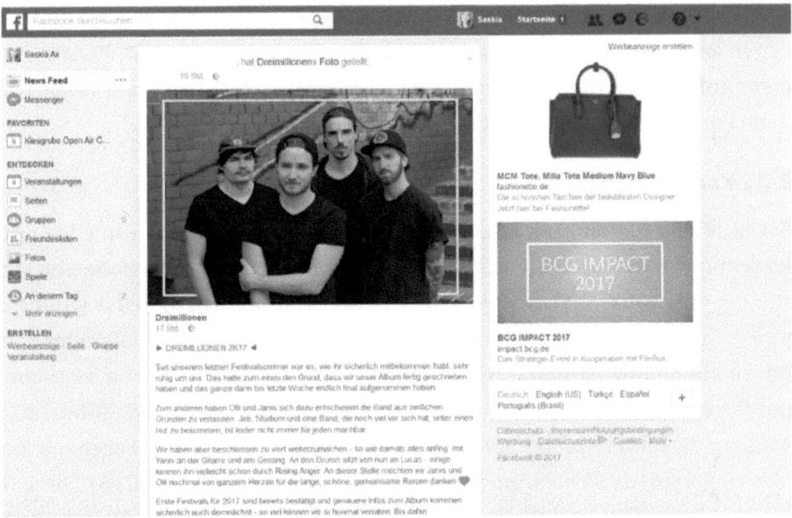

Abbildung 2: Computeransicht Facebook Startseite
(Facebook, 2015a).

Bei Instagram besteht die Startseite nur aus Bildern und Stories. Damit kann der Nutzer die Erlebnisse des Tages teilen, die wie eine Art Film abgespielt werden können (Zimmerman & Deborah, 2012).

Soziale Netzwerkseiten sollen den Nutzern eine umfassende Vernetzung mit einzelnen Menschen und gesellschaftlichen Gruppen in ihren Bindungen und Beziehungen ermöglichen und weisen laut Ebersbach, Glase und Heigl (2008) folgende Merkmale auf:

- Zu Beginn ist eine Registrierung notwendig
- Profil mit Interessen und Tätigkeiten
- Die Daten liegen strukturiert vor
- Es werden die Beziehungen zu anderen Menschen dargestellt

- Bekanntschaften werden nachvollziehbar gemacht
- Es besteht ein starker Bezug zu realen sozialen Bindungen

Durch Social Media wie Facebook, Instagram und WhatsApp ist der Kommunikationsprozess mit anderen Personen vereinfacht worden. Jeder kann permanent virtuell am Leben anderer teilhaben. Ellison, Lampe und Steinfield (2007) vertreten die Theorie, dass durch Facebook schüchterne Menschen offener werden und mehr mit anderen Menschen in Kontakt treten. Andere Studien ergaben, dass extrovertierte Nutzer Facebook intensiver nutzen (Gross, Juvonen & Gable, 2002). Aktuell liegen keine verlässlichen Untersuchungen darüber vor, welche Persönlichkeiten mehr auf sozialen Netzwerkseiten vertreten sind. Es scheint so, dass viele verschiedene Persönlichkeiten vertreten sind, wie auch in der realen Welt.

2.9.1 Kommunikation

Social Media bieten eine große Bandbreite von Möglichkeiten mit Menschen zu kommunizieren. Durch die ansteigende Verbreitung von Smartphones, ist fast jeder ständig erreichbar und „always on" (Lampert & Kühn, 2016). Jeder kann sich kostenlos Applikationen herunterladen und es bedarf keiner Ortsgebundenheit mehr um zu kommunizieren. Das Smartphone wird hauptsächlich dafür verwendet, um mit Personen über Social Media zu kommunizieren (Lampert & Kühn, 2016). Besonders beliebte Applikationen sind das Soziale Netzwerk Facebook und der Messanger-Dienst WhatsApp (Döbler, 2014; Lampert & Kühn, 2016). Diese Dienste sind bei Jugendlichen deshalb besonders beliebt, weil sie kostenlos sind, jeder Zeit zur Verfügung stehen und die Möglichkeit bieten, nicht nur mit einer Person zu kommunizieren sondern auch in Gruppen (Lampert & Kühn, 2016). Durch Vibration und Töne wird akustisch darauf aufmerksam gemacht, dass eine Nachricht erhalten wurde. Dies geschieht aber auch visuell, wie in Abbildung 3 zu sehen ist.

Theoretische Grundlagen

Abbildung 3: Mobile Ansicht bei erhalt von WhatsApp Nachrichten (eigene Darstellung).

Facebook wird hauptsächlich dazu genutzt, mit Freunden zu kommunizieren (Haider, 2012). Laut Christakis und Flower (2010) hat jeder Nutzer im Durchschnitt 130 Freunde in seiner Kontaktliste. Zur Kommunikation stehen dem Nutzer verschiedene Möglichkeiten zur Verfügung, die sich in zwei Kategorien einteilen lassen (Döbler, 2014). Zum einen gibt es private Nachrichten, wie die Chat- und Nachrichtenfunktion. Die Chatfunktion ist ein synchrones Kommunikationsmittel, da diese zeitnahe Kommunikation zulässt. Während die Nachrichtenfunktion vergleichbar mit einem E-Mail-Programm ist und hier die Antworten nicht zeitnah erwartet werden (Döbler, 2014). Zum anderen gibt es die öffentliche Kommunikation. Dazu gehören Kommentare und Pinnwandeinträge. Kommentare können zu allen Beiträgen geschrieben werden, die Freunde oder der User selbst gepostet haben. Mithilfe von Pinnwandeinträgen, auch Wall-to-Wall genannt, können einzelne Nachrichten im Profil einer anderen Person veröffentlicht werden (Döbler, 2014). In Abbildung 4 ist dies visualisiert und zeigt das Profil eines Nutzers von Facebook.

17

In das rot umkreiste Feld können Pinnwandeinträge des Nutzers oder anderer User eingetragen werden, um diese auf dem Profil zu veröffentlichen. Darunter befinden sich Einträge anderer Personen. Der Nutzer entscheidet, wer diese Einträge sehen darf. Diese können öffentlich, also für jeden Nutzer von Facebook sichtbar sein, oder nur für Freunde, also Nutzer die in der Freundesliste stehen, oder für keinen.

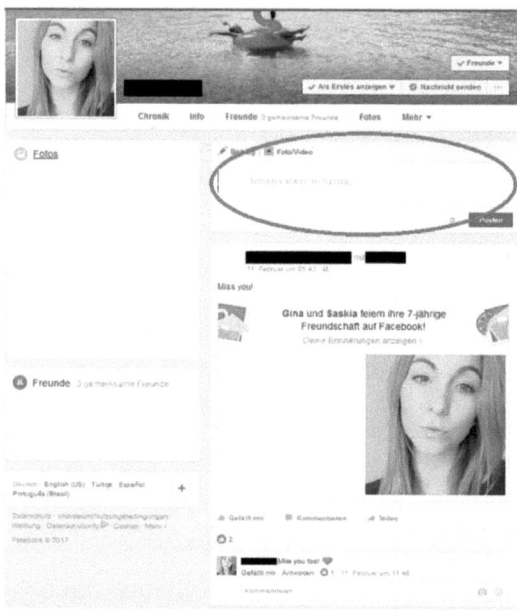

Abbildung 4: Facebook Profil
(Facebook, 2015 b)

Diese Kommunikation wird überwiegend mit dem Smartphone durchgeführt, das in der heutigen Zeit ein ständiger Begleiter ist. Am Morgen dient das Smartphone als Wecker und vor dem Schlafengehen werden die letzten Nachrichten verschickt beziehungsweise das soziale Netzwerk noch einmal nach neuen Informationen durchsucht (Temper, 2014). Nach einer Studie von Temper (2014) erhalten Jugendliche durchschnittlich 100 bis 700 Nachrichten pro Tag. Diese sind meistens von Freunden oder Bekannten. Bekannte sind in diesem Fall Personen, die über Social Media kennengelernt wurden, zum Beispiel über Facebook. Diese können über Social Media näher kennengelernt werden und eine Begegnung im realen Leben ist nicht ausgeschlossen. Die Kommunikation durch Social Media kann dazu beitragen, dass Beziehungen gestärkt und Kontakte aufrechterhalten werden (Temper, 2014). Andererseits kann die Nutzung von Smartphones auch negative Auswirkungen auf soziale Beziehungen haben. In engen Verbindungen wird eine häufige Nutzung des Smartphone in Anwesenheit des Partners oder Freundes als störend empfunden und die anwesende Person fühlt sich vernachlässigt und weniger wichtig (Temper, 2014).

2.9.2 Selbstdarstellung

Menschen machen sich ständig Gedanken, sei es unbewusst oder bewusst, wie sie sich im Alltag darstellen, wenn sie mit anderen Personen in sozialen Kontakt treten (Goffman, 1959). Ableitend von Goffmans Annahme, ist dies auch auf Social Media übertragbar, da User sich eine virtuelle Identität aufbauen und mit anderen Menschen in Kontakt stehen. Ein wichtiges Werkzeug für die visuelle Selbstdarstellung in Social Media sind Selfies (Koch, 2014). Das Oxford Dictionary ernannte 2013 das Wort Selfie zum englischen Word des Jahres und definierte es folgendermaßen:

„A photograph that one has taken of oneself, typically one taken with a smartphone or webcam and shared via social media." (Oxford Dictionary)

Ein Selfie ist also ein Selbstporträt, das mit einem Smartphone oder mit einer Webcam aufgenommen wird, um es mithilfe der sozialen Netzwerke mit anderen Menschen zu teilen. Gerade Frauen stellen sich visuell über ihre Bilder dar, wie zum Beispiel das Profilbild, um einen bestimmten Eindruck zu erwecken (Haferkamp, 2011). Über Social Media können sie bestimmen und kontrollieren, welchen Eindruck sie bei anderen Personen erwecken möchten und wie sie sich selbst gerne sehen (Büttner, 2013). Für Nutzer ist die eigene Selbstdarstellung ein Spiegelbild ihrer realen Identität, jedoch werden diese Einschätzungen von anderen nicht immer geteilt. Diese erwarten, dass Veröffentlichungen authentisch sind und sehen die Selbstdarstellungen häufig eher als Fälschung an (Haferkamp, 2011). Eine Nutzerbefragung von Usern aus StudiVz ergab, dass 20,6 % der Probanden bei ihrem Profilbild darauf achten besonders gut auszusehen und 6,9 % nutzen ein Profilbild, welches ihnen viel Aufmerksamkeit bringen soll. Der Großteil mit 52,5%, ist jedoch bemüht, ein glaubwürdiges Bild zu verwenden (Rütten, 2011). Selfies werden in Social Media geteilt um das Interesse anderer User zu gewinnen und eine Resonanz zu erhalten (Altmeyer, 2016). Bevor ein Selfie geteilt wird, werden zunächst mehrere Fotos gemacht um daraus das Beste auszuwählen. Das ausgesuchte Selfie wird daraufhin noch überarbeitet und dann online gestellt (Cwielong, 2016). Die Überarbeitung der Bilder geht einfach über Facebook und Instagram, da dort verschiedene Filter zur Verfügung gestellt werden. Es können aber auch weitere Apps heruntergeladen werden. Das Posten von Selfies hat nicht nur etwas mit Narzissmus zu tun, wie die Studie von Weiser (2015) belegt hat, sondern auch mit sozialer Sichtbarkeit. Nutzer achten daher besonders darauf, attraktive und witzige Bilder zu veröffentlichen. Durch positive Reaktionen fühlt sich der Nutzer von anderen anerkannt und gesehen (Altmeyer, 2016). Die Resonanz von anderen erfolgt durch Likes, auf Deutsch „gefällt mir", oder auch Kommentare, die unter ein Bild gepostet werden (Cwielong, 2016). Durch die Kommentare loben oder kritisieren andere Nutzer das Bild. Sie freuen sich für einen mit oder drücken Mitgefühl aus (Schmidt, 2013). Insbesondere wird dafür Instagram benutzt, da die Kommunikation zwischen den Nutzern zum größten Teil aus Fotos und Videos besteht (Kobilke, 2016). In Abbildung 2 ist ein Profilbild von Facebook zusehen.

Abbildung 5: Profilbild aus Facebook
(Facebook, 2015c)

Die Zahl unter dem „Gefällt mir" Button zeigt die Anzahl der Likes an. Darunter befinden sich die Kommentare anderer User zu dem Profilbild. Jedoch können nur Freunde das Profilbild vergrößert sehen, kommentieren und liken.

2.10 Digitale Eifersucht

In den vorherigen Kapiteln wurde ein Überblick darüber gegeben, was Eifersucht ist, wodurch diese ausgelöst wird und welche Rolle Social Media in der heutigen Zeit spielen. Nun soll geklärt werden, welche Beziehung zwischen Eifersucht und Social Media besteht. Forscher haben herausgefunden, dass soziale Netzwerkseiten Eifersucht verstärken können allerdings wurden bisher kaum die Gründe dafüruntersucht (Cohen, Bowman & Borchert, 2014). Zudem ist dieser Bereich noch wenig erforscht, da soziale Netzwerkseiten relativ neu sind (Northrup & Smith, 2016).

Social Media, wie Facebook und WhatsApp, bieten uns schnellen und leichten Zugang zu Informationen über Freunde, Beziehungspartner und Bekannte (Aretz et. al., 2010). Außerdem wird immer mehr über diese Medien kommuniziert und damit der Kontakt zu anderen Personen gehalten. So können Ex-Partner in der Freundesliste sein oder Personen, mit denen ausgegangen wurde. Es wird online geflirtet und nach neuen Partnern Ausschau gehalten. Dies hat Auswirkungen auf Personen, die in einer Beziehung sind und aktiv soziale Medien nutzen (Hudson, Nicolas, Howser, Lipsett, Robinson, Pope, Hobby & Friedmann, 2015). So haben sich dadurch beispielsweise auch die Möglichkeiten fremdzugehen erweitert. In diesem Zusammenhang wird häufig das neue Phänomen `Cyber-Cheating` (Guadagno & Sagarin, 2010) genannt, was so viel bedeutet wie online fremdgehen. Whitty (2005) fand in seiner Studie heraus, dass Frauen und Männer gewisse Online-Handlungen als fremdgehen bezeichnen würden. So wird zum Beispiel online flirten, wie flirten in der realen Welt bewertet. Gleichfalls wird es nicht akzeptiert, wenn der Partner über sexuelle Fantasien mit einer dritten Person schreibt (Whitty, 2005). Die erste Studie zum Thema digitale Eifersucht stammt von der kanadischen Forschungsgruppe Muise, Cristofides und Desmarias aus dem Jahre 2009. Die Forscher untersuchten, ob sich die Variablen Geschlecht, dispositionelle Eifersucht, Beziehungsfaktoren wie Commitment und Vertrauen sowie Nutzungsdauer, Eifersucht in sozialen Netzwerken vorhersagen lassen. Sie konnten regressionsanalytisch zeigen, dass sich über die Variablen Vertrauen in den Partner, dispositionelle Eifersucht und die Nutzungsdauer, die digitale Eifersucht vorhersagen lässt (Muise et. al., 2009). Das Forscherteam schloss aus dem Ergebnis, dass es einige Eifersucht provozierenden Informationen über den Partner gibt, wie Bilder oder Kommentare (Muise et. al., 2009), die begründet Eifersucht auslösen (reaktive Eifersucht) oder aber auch unbegründet (misstrauische Eifersucht), weil die Informationen zum Beispiel falsch interpretiert werden. Die Vielzahl an Informationen über den Partner führen dazu, dass dieser mehr überwacht wird, was dann zur Folge hat, dass die eifersüchtige Person mehr Zeit in sozialen Netzwerken verbringt (Muise et. al., 2009). Diese Schlussfolgerungen sollten jedoch kritisch betrachtet werden, da Eifersucht auch allein schon durch die Nutzungsdauer ausgelöst werden kann. (Aretz et. al., 2010). Wie bereits im Kapitel Selbstdarstellung gezeigt, haben Menschen den Drang, sich in Sozialen Medien zu präsentieren um positives

Feedback von anderen Nutzern zu erhalten. Jedoch hat dies, gerade das Posten von Selfies, Einfluss auf die Eifersucht in einer romantischen Beziehung. Die Studie von Halpern, Katz und Carril (2016) konnte einen positiven Zusammenhang zwischen dem Posten von Selfies und der Eifersucht bestätigen. Das bedeutet, wenn ein Partner häufig Selfies postet, dann geht dies mit einer größeren Eifersucht einher. Außerdem konnten sie einen Zusammenhang feststellen, zwischen einem Konflikt, der aufgrund eines Kommentars durch eine andere Person entstanden ist und der Qualität einer Beziehung.

Hinsichtlich der Geschlechter wiesen die weiblichen Probanden eine höhere digitale Eifersucht auf, als die männlichen Probanden (Muise et. al., 2009). Social Media können auch als Überwachungsinstrument verwendet werden. 25% der Frauen und nur 6% der Männer überwachen ihren Partner über Social Media (Burke, Wallen, Vail-Smith & Knox ,2011). In einer weiteren Studie zur Überwachung auf Social Median konnte herausgefunden werden, dass das Alter, die Zeit, die auf dem Profil dies Partner verbracht wird, wie Social Media in den Alltag integriert sind, das Selbstvertrauen, und die Art und Weise wie das Internet verwendet wird, die Überwachung beeinflussen (Tokunaga, 2010). Außerdem löst es negative Gefühle aus, wenn dem Partner private Nachrichten von Nutzern des jeweils anderen Geschlechts geschickt werden und motiviert zur Konfrontation (Cohen, et. al, 2014). Sind die Nachrichten jedoch öffentlich, wie auf der Pinnwand, wird dieses als nicht gefährdend angesehen (Cohen, et. al., 2014). Im Jahr 2015 wurde zu den Nachrichten noch der Einfluss von Emoticons in den Nachrichten auf die Eifersucht untersucht (Hudson et. al. 2015). Männer sind eifersüchtiger, wenn in der Nachricht ein zwinkernder Emoticon verwendet wurde, während Frauen eifersüchtiger waren, wenn kein Emoticon verwendet wurde (Hudson et. al. 2015).

In Bezug auf die Kommunikation konnte die Untersuchung von Auinger (2014) zeigen, dass Zurückweisungen durch Social Media über das Smartphone bei gemeinsamen Unternehmungen zu Konflikten führen können. Grund dafür ist, dass die Person am Smartphone seinem Partner zu wenig Aufmerksamkeit schenkt und keine persönliche Unterhaltung zustande kommt. Ebenfalls fand sie heraus, dass in der Anfangsphase einer Beziehung, in der das Vertrauen noch nicht so ausgeprägt ist, die Eifersucht und die Kontrolle in Bezug auf den mobilen Kontakt mit dem anderen Geschlecht eine größere Rolle spielen.

Allgemein kann gesagt werden, dass die digitale Eifersucht keine neue Form der Eifersucht darstellt. Social Media können jedoch Auslöser oder Verstärker von Eifersucht sein (Aretz et. al., 2010).

2.11 Zwischenfazit

Ziel des theoretischen Teiles dieser Arbeit war es, einen Überblick über die Themen Eifersucht und Social Media zu geben und den wissenschaftlichen Status quo zur digitalen Eifersucht darzustellen.

Eifersucht ist eine Kombination aus Gefühlen und Gedanken, die entsteht, wenn eine Beziehung durch eine dritte Person bedroht wird. Diese Bedrohung kann anhand eines Verdachts empfunden werden, was misstrauische Eifersucht genannt wird, oder durch einen nachvollziehbaren Grund, reaktive Eifersucht genannt. Zu diesen beiden Formen von Eifersucht existiert noch eine weitere, die pathologische und damit behandlungsbedürftig ist. Eifersucht kann in diesem Bezug als Symptom psychischer Krankheiten auftreten aber auch ein Syndrom sein. Die Eifersuchtsmotive, warum ein Mensch eifersüchtig wird, basieren häufig auf egoistischen Hintergründen, da eigene Ziele erreicht werden sollen. Werden diese in irgendeiner Art von einer dritten Person bedroht, kann dies zur Eifersucht führen. Es wurde deutlich, dass ein Unterschied zwischen den Geschlechtern hinsichtlich der Eifersucht besteht. Dies lässt sich durch die sozialbiologische Theorie erklären.

Im Zuge des technischen Fortschritts hat sich durch Social Media, vor allem durch die sozialen Netzwerke, ein neuer Bereich entwickelt, der die Eifersucht in Beziehungen beeinflusst. Häufig wird dabei von digitaler Eifersucht gesprochen, jedoch wurde in den bisherigen Untersuchungen deutlich, dass es keine neue Form der Eifersucht ist, sondern dass es sich um das gleiche Gefühl und vergleichbare Situationen handelt, wie auch im realen Leben. Der Forschungsbereich digitale Eifersucht ist noch sehr neu und wurde bisher kaum exploriert, was die genauen Ursachen der Eifersucht in Social Media betrifft. Fest steht nur, dass anhand von Geschlecht, der Nutzungsdauer, der dispositionelle Eifersucht und den Beziehungsfaktoren die Eifersucht vorhersagbar ist.

Wie die Bachelorarbeit gezeigt hat, spielen Kommunikation und Selbstdarstellung eine wichtige Rolle in Social Media. Doch welche Auswirkungen kann das auf eine Beziehung haben?

2.12 Hypothesen

Aufgrund der Erkenntnisse, dass Nutzer über Social Media mit unterschiedlichen Personen kommunizieren und sich eine eigene Identität aufbauen, soll im weiteren Verlauf der Arbeit herausgefunden werden, welche Auswirkungen diese Variablen auf die Eifersucht haben. Zur Unterstützung sollen folgende Hypothesen (Tabelle 1) geprüft werden.

H1: Je häufiger der Partner Selfies postet, auf denen nur er zu sehen ist, desto höher ist die Eifersucht des anderen Partners.
H2: Wenn ein Kommentar einer fremden Frau/eines Mannes unter einem Selfie des Partners gesehen wird, verstärkt dies die Eifersucht des anderen Partners.
H3: Wenn der Partner häufig Selfies von fremden Personen des anderen Geschlechts mit „gefällt mir" markiert, dann begünstig dies die Eifersucht des anderen Partners.
H4: Je höher der Kommunikationsaustausch des Partners auf Social Media ist, desto größer ist die Eifersucht des anderen Partners
H5: Es besteht ein Unterschied zwischen der männlicher und der weiblichen Eifersucht.

Tabelle 1: Überblick der Forschungshypothesen
(eigene Darstellung).

Eine Studie von Halper, Katz und Carril (2016) fand heraus, dass das häufige Posten von Selfies in sozialen Netzwerken in einem positiven Zusammenhang mit dem Entstehen von Eifersucht bei Paaren steht. Dies scheint begründet zu sein, da durch das häufige posten von Selfies Aufmerksamkeit und das Interesse von anderen Personen geweckt werden soll, um so eine positive Resonanz zu erhalten, aufgrund deren sich diese Personen anerkannt fühlen. Für den Partner kann dies jedoch kränkend sein, da er so erfährt, dass seine Aufmerksamkeit und Bestätigung nicht ausreichend ist und wird aus diesen Gründen eifersüchtig.

>H1: Je häufiger der Partner Selfies postet auf denen nur er zu sehen ist, desto größer ist die Eifersucht des anderen Partners.

Wenn einer Person (m/w) ein Bild, beispielsweise auf Facebook, besonders gut gefällt, kann er/sie dieses liken und auch kommentieren. Sieht der Partner ein Kompliment des jeweils anderen Geschlechts unter dem Bild seines Partners, kann dies zu Eifersucht führen, wenn das Kompliment als Bedrohung für die Beziehung gewertet wird.

>H2: Wenn ein Kommentar von einer fremden Frau/einem fremden Mann unter einem Selfie des Partners gesehen wird, verstärkt dies die Eifersucht des anderen Partners.

Wie bereits in den Eifersuchtsmotiven beschrieben, kann Eifersucht entstehen, wenn ein Vergleich zu einem Rivalen gezogen wird und das Gefühl entsteht, diesem unterlegen, zu sein. Durch das Liken signalisiert ein Partner, dass ihm das Foto einer Person gefällt. Der eifersüchtige Partner kann sich über das Bild des Rivalen mit diesem vergleichen und messen. Daraus kann der Schluss gezogen werden, dass das Liken von Bildern einer Person die Eifersucht begünstigt.

> H3: Wenn der Partner häufig Selfies von fremden Personen des anderen Geschlechts mit „gefällt mir" markiert, dann begünstig dies die Eifersucht des anderen Partners.

Wie bereits beschrieben ist das Smartphone ein ständiger Begleiter, über den am häufigsten kommuniziert wird. Aufgrund der vielen Nachrichten, die insbesondere Nutzer der Social Media täglich erhalten, kann dies zu Störungen, gerade in Zeiten der Zweisamkeit, führen. Werden Nachrichten ständig beantwortet, kann sich der Partner vernachlässigt und unwichtig fühlen. Grund dafür können ausbleibende Kommunikation und fehlende Zuwendung sein, da der Partner sich nicht zeitgleich auf das Smartphone und den Partner konzentrieren kann. Laut Bruck (1992) liegt der entstehenden Eifersucht das Zuwendungsmotiv zugrunde.

> H4: Je häufiger der Kommunikationsaustausch des Partners auf Social Media ist, desto größer ist die Eifersucht des anderen Partners.

In vielerlei Hinsicht lässt sich die männliche Eifersucht von der weiblichen Eifersucht unterscheiden, wie im Kapitel über geschlechtsspezifische Unterschiede 2.6 erläutert wurden. Auch bei der digitalen Eifersucht hat das Forscherteam um Muise 2009 einen Unterschied zwischen den Geschlechtern herausgefunden. Daher wird in dieser Untersuchung ebenfalls von einem Unterschied ausgegangen.

> H5: Es besteht ein Unterschied zwischen der weiblichen und der männlichen Eifersucht.

3 Methode

In diesem Kapitel erfolgt die empirische Prüfung der Hypothesen. Hierbei wird zunächst die Forschungsmethode erläutert und erklärt, warum diese verwendet wird. Anschließend wird die Stichprobe beschrieben, mit welcher die Forschung durchgeführt wurde. Im weiteren Verlauf wird sowohl das Erhebungsinstrument als auch die Auswertungsmethode der bereits erhobenen Daten ausführlich dargelegt. Im Anschluss werden die Ergebnisse dargestellt und prägnant zusammengefasst. Anschließend folgen eine Diskussion der Ergebnisse, sowie eine kritische Betrachtung der Methodenwahl. Forschungsausblick und Fazit stellen den Schluss des Vorgehens dar.

3.1 Forschungsdesign

Um die Forschungsfrage der Bachelorthesis zu beantworten und die dazugehörigen Hypothesen zu untersuchen, wurde eine mehrstufige Datenerhebung gewählt. Diese besteht aus einer qualitativen und einer quantitativen Datenerhebung. Zunächst wurde die qualitative Datenerhebung in Form eines explorativen Interviews durchgeführt. Diese Methode gehört zu den qualitativen Interviews und ist hauptsächlich unstandardisiert (Aghamanoukja, Buber & Meyer, 2009). Diese wird verwendet, um „subjektive relevante Informationen, Meinungen und Einstellungen zum Untersuchungsproblem" (Aghamanoukja et. al, 2009, S. 422) zu ermitteln und dient als Vorstudie zur weiteren Untersuchung. Die Ergebnisse sollten weitere Erkenntnisse für die quantitative Datenerhebung liefern, die in Form einer Online-Befragung durchgeführt wurde. Aus den Resultaten der qualitativen Interviews sollten ergänzend wichtige Aspekte für die Erstellung des Fragebogens generiert werden. Anhand des Online-Fragebogens wurden im weiteren Verlauf die Hypothesen geprüft, da diese quantitative Methode verwendet wird, um Zusammenhänge oder auch Merkmale festzustellen (Hussy, Schreier & Echterhoff, 2013). Darüber hinaus sollten anhand der Ergebnisse der Online-Befragung allgemein gültige Aussagen in Bezug auf den Zusammenhang zwischen Social Media und Eifersucht getroffen werden. Der Vorteil der Online-Befragung liegt in der Anonymität der Probanden. Dies ist besonders wegen des sehr persönlichen Themas Eifersucht wichtig. Personen geben nicht gerne zu, dass sie eifersüchtig sind, da dies mit wenig Vertrauen in den Partner einhergeht und mit Unsicherheit des Eifersüchtigen assoziiert wird (Bülow, 2015). Anonymität führt auch zu einer niedrigeren Reaktivität, das bedeutet, dass Probanden weniger dazu verleitet werden , gefälschte Antworten zu geben, um der sozialen Erwünschtheit zu entsprechen (Hussy, et. al.,

2013). Letztlich können durch eine Online-Befragung mehr Menschen erreicht werden, die beispielsweise in Facebook aktiv sind genauso wie ihr Partner.

3.1.1 Erster Schritt der Datenerhebung – Qualitatives Interview

Das explorative Interview wurde mit fünf Probanden durchgeführt, die zwischen 23 Jahre und 27 Jahre alt waren. Darunter befanden sich vier Frauen und ein Mann, von denen sich vier in einer Beziehung zum Zeitpunkt des Interviews befanden. Das Interview ist halb-standardisiert und wurde in persönlichen Einzelinterviews durchgeführt. Das halb-standardisierte Verfahren hat den Vorteil, bestimmte Gesichtspunkte wiederholt ansprechen und genauer nachfragen zu können. Des Weiteren bietet das halb-standardisierte Interview den Vorteil, dass die Indikation der Methode eingehalten wird. Die Indikation der Methode ist eines der Gütekriterien der qualitativen Forschung und prüft die Angemessenheit der Methodenauswahl (Steinke, 2009). Dazu gehört auch das Arbeitsbündnis. Dabei sollte darauf geachtet werden, dass ein gutes Verhältnis zwischen dem Forscher und dem Proband besteht (Steinke, 2009). Bei der Durchführung des Interviews wurde daher darauf geachtet, dass beispielsweise Blickkontakt mit den Probanden gehalten wurde. Außerdem durfte sich der Proband einen Ort aussuchen, an dem er sich wohl fühlte. Die Interviews wurden aufgenommen, damit, wenn nötig, eine dritte Person die Ergebnisse nachvollziehen kann. Somit ist auch ein weiteres Gütekriterium erfüllt, die intersubjektive Nachvollziehbarkeit. Den Probanden wurden offene Fragen gestellt und sie sollten dabei an ihren Partner denken. Der Proband, der Single ist, sollte sich vorstellen, wie es mit dem Ex-Partner war und die Situationen auf ihn beziehen. Die Fragen lauteten: „Was stört Sie am Social Media Verhalten ihres Partners?" oder „ Macht Sie etwas Eifersüchtig, was nicht mit Social Media zu tun hat?".

Die Auswertung der Interviews erfolgte über eine Inhaltsanalyse, ein qualitatives Analyseverfahren, um Aspekte der wirklichen Textbedeutung unter bestimmten Perspektiven zu erfassen. Dazu wird ein inhaltsanalytisches Kategoriensystem erstellt, in welches das Material eingeordnet wird (Hussy, et. al., 2013). Es gibt drei verschiedene Möglichkeiten ein Kategoriensystem zu erstellen. Zum einen kann es deduktiv erstellt werden. Hier werden bereits vorhandene Theorien oder Forschungsergebnisse für die eigene Forschung verwendet. Eine weitere Möglichkeit ist das induktive Vorgehen. Dabei werden die Kategorien aus dem eigenen Material entwickelt. Die dritte Möglichkeit ist eine Kombination aus den beiden vorherigen Alternativen. Dabei werden die Oberkategorien deduktiv erstellt und die Unterkategorien aus dem eigenen Material entnommen (Hussy, et. al., 2013). Für diese

Arbeit wurde die induktive Vorgehensweise gewählt. Dies hatte den Vorteil, dass alle wichtigen Kategorien im Fragebogen erfasst werden konnten. Um die Textpassagen in das System einzuordnen wurden die Texte zunächst zusammengefasst und auf die Kernaussagen reduziert. Insgesamt wurden drei wichtige Kategorien herausgearbeitet.

1. Fremde Person
2. Profilbilder
3. Kommunikation

Für jede einzelne Kategorie wurde eine Definition entwickelt mit dazugehörigen Ankerbeispiel und Kodierregel, wie in Tabelle 2 zu sehen ist.

Kategorie	Definition	Ankerbeispiel	Kodierregel
Fremde Person	Eine unbekannte Person ist in der Situation beteiligt.	„Wenn irgendwie Interesse gezeigt wird an irgendwelchen Weibern die ich nicht kenne, dann stört mich das." (1) „Wenn ich dann weiß, dass da irgendwelche Mädels dabei sind, die ich nicht kenne."	Situationen, in denen der Partner mit einer fremden Person involviert ist, werden als störend empfunden (führt zur Eifersucht)

Tabelle 2: Ergebnisse der Inhaltsanalyse ´Fremde Person` (Eigene Darstellung).

Die zweite Kategorie `Profilbilder´

Kategorie	Definition	Ankerbeispiel	Kodierregel
Profilbild	Profilbilder ohne den Partner	„Mich stört das, wenn meine Freundin in WhatsApp nur ein Bild von sich als Profilbild hat." „Ich mag es lieber, wenn ich auch mit auf dem Bild bin."	Es wird als störend empfunden, wenn der Partner als Profilbild ein Selfie hat. Es wird als störend empfunden, wenn der Partner gar keine Bilder mit seinem Partner auf einer Social Media Plattform veröffentlicht.

Tabelle 3: Ergebnis der Inhaltsanalyse `Profilbilder´ (eigene Darstellung).

Die dritte Kategorie ʻKommunikationʻ

Kategorie	Definition	Ankerbeispiel	Kodierregel
Kommunikation	Kommunikationsaustausch mit dem anderen Geschlecht.	. „(...), dass meine Freundin mit vielen Männern geschrieben hat." „Wenn er mit fremden Mädchen schreibt dann macht mich das ein bisschen eifersüchtig."	Das Schreiben mit Personen des anderen Geschlechts löst Eifersucht aus.

Tabelle 4: Ergebnisse der Inhaltsanalyse ʻKommunikation (eigene Darstellung).

Die Ergebnisse der Inhaltsanalyse werden im nächsten Kapitel Quantitative Datenerhebung – Online Befragung3.1.2 genauer betrachtet.

3.1.2 Quantitative Datenerhebung – Online Befragung

Die quantitative Datenerhebung wurde, wie bereits erwähnt, mit einem strukturierten Fragebogen umgesetzt. Das bedeutet, dass die Antwortmöglichkeiten vorgegeben sind (geschlossene Fragen) und der Proband eine oder, wenn vorgegeben mehrere Antworten wählen kann (Hussy, et. al., 2013). Geschlossene Fragen haben zum einen den Vorteil, der Objektivität und zum anderen eine übersichtliche Auswertungsmöglichkeit zu gewährleisten. Objektivität gehört zu den Gütekriterien der quantitativen Forschung und bedeutet, dass Verschiedene Forscher mit dem erstellten Fragebogen, dieselben Ergebnisse erhalten und dass diese nicht abhängig von der Versuchssituation und dem Versuchsleiter sind (Hussy, et. al., 2013). Der Fragebogen wurde mit der Internetseite Sosci Survey erstellt und in der Zeit vom 15. bis 22. April 2017 auf Facebook veröffentlicht. Zudem wurde der Fragebogen an weitere Probanden per E-Mail geschickt. Er ist in drei Rubriken eingeteilt. Diese beinhalten erstens die „Soziodemografischen Daten", zweitens die „Mediennutzung des Partners" und drittens die „Eifersucht".

Die Rubrik „Soziodemografische Daten" gliedert sich in die Items Alter, Geschlecht, Beziehungsstatus, Länge der Beziehung beziehungsweise der letzten Beziehung, wenn ein Proband Single ist, sexuelles Interesse, Beruf und ob sozialen Netzwerkseiten vom Partner genutzt werden. Für den weiteren Verlauf der Befragung war es wichtig zu erfahren, ob der Partner soziale Netzwerkseiten benutzt. Probanden, bei denen der Partner auf keiner Seite angemeldet war, konnten nicht an der Befragung teilnehmen und wurden aussortiert. Außerdem musste nach dem sexuellen Interesse gefragt werden, da die Fragen nicht auf gleichgeschlechtliche Paare ausgerichtet waren. Weiterhin spielt das Geschlecht eine wichtige Rolle, da herausgefunden werden sollte, ob es einen Unterschied zwischen den Geschlechtern in Bezug auf die Eifersucht gibt.

Die zweite Kategorie „Mediennutzung" bezieht sich in erster Linie auf das Verhalten des Partners in Social Media. Dieses Verhalten bestimmt bei den ersten vier Hypothesen die unabhängigen Variablen (UV). Eine unabhängige Variable ist ein Sachverhalt, der einen anderen Sachverhalt beeinflusst (Hussy, et. al., 2013). In der ersten Hypothese (H1) ist die Häufigkeit, mit der Selfies gepostet werden, die unabhängige Variable (UV1) und wird durch folgende Frage erhoben werden: *„Wie häufig postet Ihr Partner Selfies?"* Die Probanden hatten folgende Antwortmöglichkeiten 1 = nie, 2 = sehr selten, 3 = 1x mal im Monat, 4 = mehrmals im Monat, 5 = 1x mal die Woche, 6 = mehrmals die Woche, 7 = jeden Tag. Eine weiter unabhängige Variable, die zur zweiten Hypothese gehört, ist der Kommentar von einer fremden Person des anderen Geschlechts unter dem Foto des Partners (UV2): *„Wie oft haben Sie sich mit Ihrem Partner, aufgrund eines Kommentars gestritten, welchen Sie unter einem Bild von ihm gesehen haben?".* Zu dieser Frage muss gesagt werden, dass sie nicht optimal dafür geeignet ist, die Hypothese zu prüfen. In der dritten Hypothese ist die unabhängige Variable die Häufigkeit der Likes (UV3), die der Partner unter Selfies von fremden Personen verteilt: *Wie oft markiert Ihr Partner Bilder von fremden Personen des anderen Geschlechts mit "gefällt mir"?* Und die letzte unabhängige Variable: *„Wie häufig schreibt Ihr Partner mit anderen Personen, wenn Sie dabei sind?"*

Die letzte Rubrik „Eifersucht" misst die abhängige Variable (AV) der Hypothesen H1, H2, H3 und H4. Die abhängige Variable wird von der unabhängigen Variable beeinflusst und ist in diesem Fall die Eifersucht. Um die Eifersucht zu messen, wurden insgesamt 15 Aussagen entwickelt, die sich zum Teil an den Ergebnissen aus den explorativen Interviews orientieren. Aus den Interviews wurde deutlich, dass hauptsächliche Interkationen mit fremden Personen des anderen Geschlechts Eifersucht auslösen „Wenn irgendwie Interesse gezeigt wird an irgendwelchen Weibern die ich nicht kenne, dann stört mich das." Aufgrund dieser Erkenntnis wurde überall zu den Fragen das Wort „fremd" mit eingebaut *„Es stört mich, wenn sich mein Partner sehr gut mit einer fremden Person des anderen Geschlechts versteht."* Und *„Wenn mein Partner mit einer fremden Person des anderen Geschlechts schreibt, werde ich misstrauisch."* In den Kontrollfragen wurde jedoch das Wort „fremde" weggelassen, um zu sehen ob dies Auswirkungen auf die Antworten hat. Die Probanden konnten mit 1=Ich stimme überhaupt nicht zu und 5=Ich stimme voll und ganz zu, die Aussagen ablehnen oder ihnen zustimmen. Mit den Werten dazwischen hatten sie die Möglichkeit ihre Antworten abzustufen. Eine weitere Kategorie der Inhaltsanalyse war das Profilbild. Dabei wurde deutlich, dass es den Probanden nicht gefällt, wenn der Partner sein Profilbild von einem Pärchenfoto in ein Selfie verändert. Daraus wurde die Aussage entwickelt: *„Es stört mich, wenn mein Partner sein Profilbild von uns in ein Selfie ändert.".* Die letzte Kategorie des qualitativen Interviews ist die Kommunikation mit Personen des anderen Geschlechts. Aus dieser Kategorie konnte geschlussfolgert werden, dass eine Person nicht damit einverstanden ist, wenn der Partner mit einer unbekannten Person des anderen Geschlechtes schreibt. Daraus wurde die folgende Aussage abgeleitet: *„Wenn mein Partner mit einer fremden Person des anderen Geschlechts schreibt, werde ich misstrauisch."* Außerdem wurden Fragen aus dem Fragebogen von Aretz. et. al. (2010), der Eifersucht misst, übernommen, wie *„Mein Partner erzählt schwärmerisch von einer anderen Frau/einem anderen Mann. Das beunruhigt mich sehr."* Und *„Ich suche ständig nach Anzeichen dafür, dass mein Partner die Gesellschaft des anderen Geschlechts genießt."*

3.2 Stichprobenbeschreibung

Mittels des Online-Fragebogens konnten innerhalb von einer Woche insgesamt N=115 vollständig ausgefüllte Datensätze erhoben werden. Nach Aussortieren der Probanden, die als sexuelles Interesse Homosexuell angaben, lautet die Anzahl der gewerteten Stichprobe N= 106. Die Stichprobe setzt sich aus n = 77 Frauen und n = 29 Männer im Alter von 17 bis 60 Jahren (M= 29,42) zusammen. Zum Zeitpunkt der Studie befanden sich 76 Personen in einer Beziehung (64 Personen unverheiratet, 12 Personen verheiratet) 30 Probanden waren Single. Der Mittelwert der Beziehungslänge, damit ist die Länge der aktuellen Beziehung gemeint, beziehungsweise für Probanden, die zum Zeitpunkt der Erhebung Single waren die Länge ihrer letzten Beziehung, beträgt 51,07 Monate (ungefähr vier Jahre). Der größte Teil der Probanden ist berufstätig (56,5%), 30,2% der Probanden sind Studenten, 6,6% sind Auszubildende und weniger als 1% sind noch Schüler. Der restliche Teil teilt sich auf in Arbeitslos und Sonstiges. Der jeweilige Partner der Probanden ist in erster Linie auf Facebook und WhatsApp aktiv. 90 von 106 Probanden gaben an, dass ihr Partner die Applikation Facebook und 98 WhatsApp auf dem Smartphone nutzen. Nur 40 Probanden gaben an, dass ihr Partner Instagram nutzt.

3.3 Auswertungsmethoden

Die erhobenen Daten wurden in das Programm SPSS, ein Programm zur statistischen Datenanalyse und zum Datenmanagement (Raab-Steiner & Benesch, 2010), mithilfe des Softwarepakets `SoSci Survey´ automatisch übertragen und analysiert. Anhand der analysierten Daten konnten die Ergebnisse ausgewertet werden (Raab-Steiner & Benesch, 2010).Vor der Analyse der Daten, wurden die Eifersuchtsvariablen zusammengefasst und zu einer transformiert. Die Kontrollfragen wurden dabei nicht mit einbezogen. Diese wurden separat geprüft, um festzustellen, ob das Wort „fremde" Auswirkungen hat oder nicht.

Die Hypothesen eins bis vier (siehe Tabelle 1) sind bivariate Zusammenhangshypothesen, die einen positiven Zusammenhang darstellen. Bivariate Zusammenhangshypothesen beinhalten zwei Variablen (Bortz & Döring, 2006). Diese sind beispielsweise in Hypothese 1 die Häufigkeit von `Selfies posten´ und die Eifersucht. Ein positiver Zusammenhang besteht, wenn ein höherer Wert einer Variablen mit einem höheren Wert einer weiteren Variablen einhergeht (Bortz & Döring, 2006).

Aufgrund des Ordinalskalenniveaus der Kategorien „Mediennutzung" und „Eifersucht" kann der pearsonsche Korrelationskoeffizient nicht ermittelt werden (Bortz & Döring, 2006). Für den pearsonschen Korrelationskoeffizient müssen beide Variablen intervallskaliert sein (Rumsey, 2013). Diese Bedingung ist jedoch in der vorliegenden Bachelorarbeit nicht erfüllt. Wird der pearsonsche Korrelationskoeffizient trotzdem verwendet, führt dies zu falschen Ergebnissen. Da es sich um Ordinalskalen handelt, wird nach Bortz und Döring (2006) die Rangkorrelation oder auch Spearman-Korrelation genannt, verwendet. Für die Spearman-Rangkorrelation ist keine lineare Beziehung zwischen den Variablen notwendig und sie müssen nicht numerisch sein (Rumsey, 2013). Spearman und Pearson unterscheiden sich nicht nur durch ihr Skalenniveau sondern auch dadurch, dass bei Spearman die Werte in eine Rangfolge gebracht werden, bevor der Koeffizient ausgerechnet wird. Korrelationen beschreiben Zusammenhänge von Variablen. Wie groß der Zusammenhang ist bestimmt der Korrelationskoeffizient. Dieser Wert wird mit einem kleinen r bezeichnet und geht von -1 bis +1 (Zöfel, 2003).

Einstufungen des Korrelationskoeffizienten (Zöfel, 2003, S. 151):

$	r	< 0{,}2$	sehr geringe Korrelation
$0{,}2 <	r	< 0{,}5$	geringe Korrelation
$0{.}5 <	r	< 0{,}7$	mittlere Korrelation
$0{,}7 <	r	< 0{,}9$	hohe Korrelation
$0{,}9 <	r	< 1$	sehr hohe Korrelation

In der Hypothese fünf (siehe Tabelle 1) handelt es sich um einen Stichprobenvergleich von zwei Stichproben, die unabhängig voneinander sind. Da in diesem Fall Frauen und Männer unabhängig voneinander befragt wurden, also keine spezifischen Paare, handelt es sich um eine unabhängige Stichprobe. Da auch hier die beiden Variablen ordinalskaliert sind, kann der t-test für zwei unabhängigen Stichproben nicht verwendet werden, sondern der Mann-Whitney-U-Test, der auch unter der Kurzbezeichnung U-Test bekannt ist (Eckstein, 2016). Er ist ein nicht parametrischer Zwei-Stichproben-Test, der prüft, ob zwischen den unabhängigen Strichproben ein signifikanter Unterschied besteht (Eckstein, 2016). In diesem Fall sollte geprüft werden, ob ein Unterschied zwischen Männern und Frauen in Bezug auf die Eifersucht existiert. Für den U-Test muss außerdem noch eine Nullhypothese (H0) gebildet werden, da hier die Signifikanzprüfung unter der Annahme der Nullhypothese geschieht (Rasch, Friese, Hofmann & Naumann, 2014). H0 lautet: *Es besteht kein Unterschied zwischen der weiblichen Eifersucht und der männlichen Eifersucht* (H0: U = U`).

4 Ergebnisse

Im folgenden Teil werden die Ergebnisse, der in der Befragung geprüften Hypothesen dargestellt und begründet. Dazu werden die vier Hypothesen vier Themenschwerpunkten zugeordnet. Diesbezüglich stellt der erste Schwerpunkt die Einfluss UV1: Selfies dar, gefolgt von der Einfluss UV2: Streit aufgrund eines Kommentars, der Einfluss UV3: „gefällt mir"-Markierungen und der Einfluss UV4: Beschäftigung mit dem Smartphone sowie einem Vergleich zwischen den Geschlechtern in Bezug auf Eifersucht.

Dafür wird zunächst geprüft, ob ein signifikanter Unterschied zwischen den Fragen und den Kontrollfragen existiert, genauer, ob es Auswirkungen auf die Antworten hat, wenn das Wort „fremde" verwendet oder weggelassen wird. Hierfür wird der T-Test mit gepaarter Stichprobe verwendet. Dieser vergleicht die Mittelwerte der beiden Variablen um einen oder keinen Unterschied zu ermitteln.

	Standard Abweichung	Standardfehler des Mittelwertes	T	df	Sig. (2-seitig)
Eifersucht – Kontrolle Eifersucht	2,57220	,25345	15,093	102	,000

Tabelle 5: t-Test verbundene Stichprobe (eigene Darstellung).

Die Ergebnisse in Tabelle 5 zeigen, dass sich die Variable `Eifersucht´ von der Variable `Kontrolleifersucht´ signifikant unterschiedet, da p = ,000 und somit < ,001 ist. Aufgrund dieser Ergebnisse werden folgende Hypothesen einmal mit der Eifersucht geprüft und einmal mit den Kontrollfragen.

4.1 Einfluss UV1: Selfies

Um Hypothese H1 zu prüfen, wird der Zusammenhang zwischen der Häufigkeit von Selfies, die der Partner in Social Media postet (UV) und der Eifersucht (AV) des Probanden erfasst. Dazu müssen zunächst die Variablen zur Erfassung der Eifersucht zusammengefasst werden, damit eine Variable entsteht.

In Bezug auf die Hypothese H1 werden folgende Ergebnisse eines Zusammenhangs zwischen der unabhängigen Variable *„Häufigkeit von Selfies, die der Partner in Social Media postet"* und der abhängigen Variable *„Eifersucht"* dargestellt.

Ergebnisse

		Häufigkeit von Selfies, die der Partner in Social Media postet	Eifersucht
Häufigkeit von Selfies, die der Partner in Social Media postet	Korrelationskoeffizient	1,000	,225*
	Sig. (1-seitig)	.	,011

Tabelle 6: Zusammenhang zwischen der Häufigkeit von Selfies, die der Partner postet und der Eifersucht
(eigene Darstellung)

Anhand des Korrelationskoeffizienten nach Spearman, ist deutlich geworden, dass die Korrelation zwischen der „Häufigkeit von Selfies, die der Partner postet" und der „Eifersucht" bei r = ,225 liegt. Der p-Wert beträgt ,011. Somit gilt die Korrelation als statistisch signifikant, da p < 0,05 ist. Das positive Vorzeichen des Korrelationskoeffizienten deutet auf einen positiven Zusammenhang der beiden Variablen hin. Jedoch ist dieser Zusammenhang eher schwach, da 1 > ,225 > 0. Dies bedeutet, dass höhere Werte der Variable „ Häufigkeit von Selfies, die der Partner in Social Media postet" mit höheren Werten von der Variable ´Eifersucht´ einhergehen. Damit kann die erste Hypothese bestätigt werden.

Wird die Häufigkeit von Selfies, die der Partner in Social Media postet mit der Kontrolleifersucht korreliert, kann ebenfalls ein positiver signifikanter Zusammenhang festgesellt werden, wie in Tabelle 7 zu sehen ist. Der Korrelationskoeffizient beträgt r = ,222 und das Signifikanzniveau beträgt p = ,013. Auch hier lässt sich die Hypothese H1 bestätigen.

		Häufigkeit von Selfies, die der Partner in Social Media postet?	Eifersucht Kontrolle
Häufigkeit von Selfies, die der Partner in Social Media postet	Korrelation nach Pearson	1	,222*
	Signifikanz (1-seitig)		,013

Tabelle 7: Zusammenhang zwischen der Häufigkeit von Selfies, die der Partner postet und der Kontrolleifersucht
(eigene Darstellung)

4.2 Einfluss UV 2: Streit aufgrund eines Kommentars

Um die zweite Hypothese H2 zu überprüfen, wird nun der Zusammenhang zwischen der Häufigkeit von Streits aufgrund eines Kommentars unter einem Selfie des Partners (UV) und der Eifersucht (AV) ermittelt. Folgende Ergebnisse wurden hier ermittelt.

			Häufigkeit von Streits, aufgrund eines Kommentars unter einem Selfie des Partners	Eifersucht
Häufigkeit von Streits, aufgrund eines Kommentars unter einem Selfie des Partners	Korrelationskoeffizient		1,000	,265**
	Sig. (1-seitig)		,00	,003

Tabelle 8: Korrelation zwischen der Häufigkeit von Streits, aufgrund eines Kommentars unter einem Selfie des Partners und der Eifersucht
(eigene Darstellung)

Hier liegt der Korrelationskoeffizient nach Spearman zwischen der „*Häufigkeit von Streits, aufgrund eines Kommentars unter einem Selfie des Partners*" und der „*Eifersucht*" bei r = ,265. Aufgrund des positiven Vorzeichens ist dieser Zusammenhang positiv, auch wenn dieser nur schwach ist, da 1> ,265> 0. Der p-Wer liegt bei ,003. Auch hier ist das Ergebnis signifikant. Anhand dieser Ergebnisse kann auch die zweite Hypothese bestätigt werden.

Auch zwischen der „Häufigkeit von Streits, aufgrund eines Kommentars unter einem Selfie des Partners" und der „Kontrolleifersucht" ist ein leichter Zusammenhang zu erkennen. Der Korrelationskoeffizient liegt hier bei r = ,264 und der p-Wert beträgt ebenfalls ,003 und ist somit < ,05. Da das Vorzeichen des Korrelationskoeffizienten positiv ist, liegt auch hier ein positiver Zusammenhang vor. Die Ergebnisse sind in Tabelle 9 noch einmal dargestellt.

		Häufigkeit von Streits, aufgrund eines Kommentars unter einem Selfie des Partners	Eifersucht Kontrolle
Häufigkeit von Streits, aufgrund eines Kommentars unter einem Selfie des Partners	Korrelationskoeffizient	1,000	,264**
	Sig. (1-seitig)	.	,003

Tabelle 9: Korrelation zwischen der Häufigkeit von Streits, aufgrund eines Kommentars unter einem Selfie des Partners und der Kontrolleifersucht
(eigene Darstellung)

4.3 Einfluss UV3: Häufigkeit von „gefällt mir"-Markierungen

In der nächsten Hypothese, H3, wir der Zusammenhang zwischen der *„Häufigkeit von „gefällt mir"-Markierungen unter Bildern von fremden Personen des anderen Geschlechts"* (UV) und der *„Eifersucht"* (AV) überprüft. Die Ergebnisse sind in der Tabelle 10 zu sehen.

		Die Häufigkeit von „gefällt mir"-Markierungen unter Bildern von fremden Personen des anderen Geschlechts	Eifersucht
Die Häufigkeit von „gefällt mir"-Markierungen unter Bildern von fremden Personen des anderen Geschlechts	Korrelationskoeffizient	1,000	,189*
	Sig. (1-seitig)	.00	,027

Tabelle 10: Zusammenhang zwischen Häufigkeit von „gefällt mir"-Markierungen unter Bildern von fremden Personen des anderen Geschlechts und der Eifersucht
(eigene Darstellung)

Der Korrelationskoeffizient r= ,189 ist zwischen der unabhängigen Variable *„Die Häufigkeit von „gefällt mir" Markierungen unter Bildern von fremden Personen des anderen Geschlechts"* und der *„Eifersuch*t" sehr gering. Jedoch ist ein sehr schwacher positiver Zusammenhang zu erkennen. Der p-Wert liegt auch hier unter 0,05

(,027 < 0,05) und ist damit ist auch diese Korrelation statistisch signifikant und Hypothese H3 „Wenn der Partner häufig Selfies von fremden Personen des anderen Geschlechts mit „gefällt mir" markiert, dann begünsig das die Eifersucht des anderen Partners." kann bestätigt werden.

Die Ergebnisse der Kontrolle weisen ebenfalls einen geringen positiven Zusammenhang auf. Hier beträgt der Korrelationskoeffizient r = ,141. Bei einem p-Wert von ,141 liegt die Irrtumswahrscheinlichkeit bei 14,1 %. Das ist deutlich über den 5 % (,141 > ,05) und ist somit nicht signifikant, wie in Tabelle 11 zu sehen ist.

			Die Häufigkeit von „gefällt mir"-Markierungen unter Bildern von fremden Personen des anderen Geschlechts	Eifersucht Kontrolle
Die Häufigkeit von „gefällt mir"-Markierungen unter Bildern von fremden Personen des anderen Geschlechts	Korrelationskoeffizient		1,000	,141
	Sig. (1-seitig)		.	,077

Tabelle 11: Zusammenhang zwischen Häufigkeit von „gefällt mir" Markierungen unter Bildern von fremden Personen des anderen Geschlechts und der Kontrolleifersucht (eigene Darstellung)

4.4 Einfluss UV 4: Beschäftigung mit dem Smartphone

In Hypothese H4 geht es um die Korrelation zwischen „*Wie oft sich der Partner mit dem Smartphone beschäftigt und nicht mit dem Partner.*" (UV) und der „*Eifersucht*" (AV). Die Ergebnisse sind in Tabelle 12 dargestellt.

		Häufigkeit der Beschäftigung mit dem Smartphone und nicht mit dem Partner (UV)	Eifersucht (AV)
Häufigkeit der Beschäftigung mit dem Smartphone und nicht mit dem Partner	Korrelationskoeffizient	1,000	,180*
	Sig. (1-seitig)	.00	,033

Tabelle 12: Zusammenhang zwischen „Häufigkeit der Beschäftigung mit dem Smartphone und nicht mit dem Partner" und „Eifersucht"
(eigene Darstellung)

Die vierte Hypothese kann bestätigt werden, obwohl nur ein sehr geringer positiver Zusammenhang festgestellt werden kann (r = ,180). Die Korrelation ist ebenfalls statistisch signifikant da der p-Wert ,033 < 0,05 ist.

		Häufigkeit der Beschäftigung mit dem Smartphone und nicht mit dem Partner	Eifersucht Kontrolle
Häufigkeit der Beschäftigung mit dem Smartphone und nicht mit dem Partner	Korrelationskoeffizient	1,000	,166*
	Sig. (1-seitig)	.	,047

Tabelle 13: Zusammenhang zwischen Häufigkeit der Beschäftigung mit dem Smartphone und nicht mit dem Partner und Kontrolleifersucht
(eigene Darstellung)

Wie in Tabelle 13 anhand des Korrelationskoeffizienten r = ,166 zu sehen ist, besteht hier ebenfalls nur ein sehr geringer Zusammenhang zwischen der „Häufigkeit der Beschäftigung mit dem Smartphone und nicht mit dem Partner" und der

„Kontrolleifersucht". Das Signifikanzniveau liegt mit p = ,047 knapp unter den ,05 und ist somit signifikant. Daher besteht hier ein positiver signifikanter Zusammenhang.

4.5 Vergleich zwischen den Geschlechtern in Bezug auf Eifersucht

Zuletzt wird nun die Hypothese H5 geprüft und evaluiert. Hypothese fünf besagt, dass ein Unterschied zwischen der weiblichen und männlichen Eifersucht existiert (H5: U ≠ U´). Die Nullhypothese besagt, dass es keinen Unterschied gibt (H0: U = U´)

	Ränge			
	Geschlecht	N	Mittlerer Rang	Rangsumme
Eifersucht	weiblich	76	55,43	4212,50
	männlich	29	46,64	1352,50
	Gesamt	105		

Tabelle 14: Verteilung der Ränge
(eigene Darstellung)

Die Tabelle 14 zeigt die beiden Gruppengrößen, den mittleren Rang sowie die Rangsumme der beiden Gruppen an. Werden die Zahlen des mittleren Rangs betrachtet, besteht ein geringer Unterschied zwischen den beiden Zahlen. Hier ist jedoch zu erwähnen, dass der mittlere Rang und die Rangsumme nur Zwischenergebnisse des U-Tests darstellen. Um ein genaues Ergebnis zu sehen muss die Tabelle 15: *Ergebnisse aus dem U-Test*

*(eigene Darstellung)*Tabelle 15 betrachtet werden.

U-Test	
	Eifersucht
Mann-Whitney-U	917,500
Wilcoxon-W	1352,500
Z	-1,323
Asymptotische Signifikanz (2-seitig)	,186
Exakte Signifikanz (2-seitig)	,187

Tabelle 15: Ergebnisse aus dem U-Test
(eigene Darstellung)

Aufgrund der größeren Stichprobe 105 > 30 muss die asymmetrische Irrtumswahrscheinlichkeit für die Prüfgröße z berücksichtigt werden. Der p-Wert liegt hier bei ,186 und ist somit > ,05. Damit kann kein signifikanter Unterschied festgestellt werden und H0 wird beibehalten. Somit kann die Hypothese H5 nicht bestätigt werden und die Nullhypothese wird beibehalten. Auch bei der letzten Hypothese, werden die Ergebnisse noch einmal mit der Kontrolleifersucht geprüft. Der p-Wert liegt hier, wie in Tabelle 16 zu sehen ist, bei p = ,327 und ist auch hier > ,05. Damit kann auch hier kein signifikanter Unterschied festgestellt werden und wie in der vorherigen Rechnung wird die Nullhypothese beibehalten. Es ist also kein signifikanter Unterschied zwischen Männern und Frauen in Bezug auf die Kontrolleifersucht zu erkennen.

U-Test	
	Kontrolleifersucht
Mann-Whitney-U	918,000
Wilcoxon-W	1324,000
Z	-,979
Asymptotische Signifikanz (2-seitig)	,327

Tabelle 16: Ergebnisse aus dem U-Test der Kontrolleifersucht (eigene Darstellung)

4.6 Zusammenfassende Betrachtung der Ergebnisse

Allumfassend lässt sich durch die Prüfung der Hypothesen feststellen, dass vier von fünf Hypothesen bestätigt werden können. Hypothese H1 kann sowohl mit der Hauptrechnung als auch mit den Kontrollfragen bestätigt werden. Die Hypothese H1 besagt, dass je häufiger der Partner Selfies postet auf denen nur er zu sehen ist, desto größer ist die Eifersucht des anderen Partners. Ebenfalls kann bestätigt werden, dass wenn eine Person einen Kommentar von einer fremden Person des anderen Geschlechts unter einem Bild von seinem Freund/ seiner Freundin sieht, dass einen positiven Einfluss auf die Eifersucht hat. Somit ist auch H2 bestätigt. Des Weiteren wurde ein sehr leichter positiver Zusammenhang zwischen der Anzahl an „gefällt mir"-Markierungen des Partners und dem Ausmaß der Eifersucht des anderen Partners festgestellt. Jedoch konnte dies durch die Kontrollfragen nicht bestätigt werden. Zuletzt kann auch Hypothese H4 beibehalten werden, die besagt, dass je höher der Kommunikationsaustausch des Partners auf Social Media ist, desto größer ist die Eifersucht des anderen Partners. An dieser Stelle muss jedoch noch einmal erwähnt werden, dass in allen Fällen nur ein sehr geringer Zusammenhang festgestellt werden konnte und dass der Korrelationskoeffizient näher an dem Wert 0, als an dem Wert 1 lag.

Die letzte Hypothese H5 konnte nicht bestätig werden. Es wurde kein signifikanter Unterschied zwischen den Geschlechtern bezüglich der Eifersucht entdeckt. Dies wurde auch durch die Kontrollfragen bestätigt.

5 Diskussion

In dem folgenden Abschnitt dieser Bachelorarbeit, werden die Ergebnisse der Datenauswertung interpretiert und diskutiert. Anschließend erfolgt eine kritische Auseinandersetzung mit den gewählten Methoden. Aufgrund der Korrelationen in der Untersuchung sind kausale Interpretationen nicht zulässig, alle sich in diese Richtung neigenden Äußerungen sind lediglich als Vermutungen aufzufassen.

5.1 Diskursive Auseinandersetzung mit den Ergebnissen

Ziel dieser Bachelorarbeit ist es zu prüfen, ob Social Media Einfluss auf die Eifersucht in einer romantischen Beziehung haben. Dabei steht vor allem die Selbstdarstellung der eigenen Person, die Reaktion des Partners auf eine Selbstdarstellung einer fremden Person und die Kommunikation im Vordergrund. Anhand des theoretischen Hintergrunds wird davon ausgegangen, dass Social Media Einfluss auf die Eifersucht in einer romantischen Beziehung haben und dass Unterschiede zwischen den Geschlechtern in Bezug auf die Eifersucht bestehen. Die vorliegenden Ergebnisse können dies zum Teil bestätigen.

Interpretation und Diskussion der Hypothese 1:

Zunächst wird der Zusammenhang zwischen der Anzahl an Selfies, die der Partner postet mit der Eifersucht des Partners betrachtet. Das Ergebnis der Spearman Korrelation hat einen leichten Zusammenhang von $r = ,225$ zwischen den beiden Variablen gezeigt. Dies bestätigt die Studie von Halper et. al. (2016) und die eigenen Erwartungen. In ihrer Studie konnte die Forschungsgruppe ebenfalls einen positiven Zusammenhang zwischen dem Posten von Selfies und der Eifersucht in einer romantischen Beziehung feststellen. Wie bereits im Theorieteil erklärt wurde, kann hier die soziale Sichtbarkeit und die Anerkennung durch fremde Personen das Problem sein. Jede Person, die ein Selfie von sich online stellt erwartet ein positives Feedback und Likes von anderen Nutzern. Durch die ständige Suche nach Aufmerksamkeit könnte daraus geschlussfolgert werden, dass der Partner sich fühlt, als wäre er nicht ausreichend, um seinem Partner die Bestätigung, nach der er vermeintlich sucht, zu geben, da dieser immer weiter nach Anerkennung von anderen Personen strebt. Der Partner besitzt also nicht mehr die Exklusivität und ist nicht mehr der oder die einzige, denn jeder zählt, der Anerkennung gibt. Dies spiegelt das Zuwendungsmotiv von Bruck (1992) wider, welches besagt, dass Eifersucht entsteht, wenn der Partner das Gefühl hat ersetzbar zu sein. In diesem Fall ist er leicht zu ersetzten, da es genügend User gibt, die dem anderen Partner

Anerkennung geben. Es geht daher möglicherweise nicht direkt um das Selfie, sondern um die benötigte Bestätigung. Mit den Kontrollfragen wurde ebenfalls ein geringer signifikanter positiver Zusammenhang festgestellt. Dieser Zusammenhang betragt r = ,222 während der Zusammenhang bei den genauer gestellten Fragen zur Eifersucht (mit dem Wort „fremde") bei r = ,225 liegt. Daraus lässt sich schlussfolgern, dass der Zusammenhang stärker ist, wenn die Situation genauer beschrieben ist. Der schwache Zusammenhang lässt sich womöglich auch anhand des nicht genau definierten Begriffs Selfie erklären. Daher ist eine weitere Überlegung, dass die Art des Selfies eine Rolle spielt. Wie präsentiert sich der Partner auf dem Bild? Ist er oder sie freizügig gekleidet oder erscheint eine schöne Landschaft im Hintergrund? Präsentiert sich ein Partner häufig freizügig in Social Media, kann dies ein größeres Zeichen für die Suche nach Anerkennung sein, als wenn zusätzlich schöne Landschaften zu sehen sind. Dies sollte in einer weiteren Studie geprüft werden. Andererseits könnte auch die Eifersucht des Partners Auslöser für das häufige posten von Selfies sein. Grund dafür ist das geringes Vertrauen, welches mit Eifersucht einhergeht (Aretz et. Al., 2010) und die Eifersucht selbst. Das sind Gründe die eine Beziehung beenden können. Durch das Posten von Selfies kann der Partner erfahren, wie er bei anderen Menschen ankommt und damit nach neuen potenziellen Liebschaften Ausschau halten.

Interpretation und Diskussion der Hypothese 2:

In der zweiten Hypothese sollte festgestellt werden, ob ein Kommentar einer fremden Person unter einem Bild des Partners die Eifersucht des anderen Partners verstärkt. Dies wurde mit der Frage erfasst, wie häufig sich die Paare aufgrund eines Kommentars gestritten haben. Diese Hypothese konnte nicht exakt geprüft werden, da durch die Korrelation nur ein Zusammenhang zwischen der Häufigkeit der Konflikte und der Eifersucht gemessen wurde. Dabei konnte ein geringer signifikanter Zusammenhang von r = ,265 festgestellt werden. Dies ist der höchste Korrelationswert der gesamten Untersuchung. Daraus kann geschlossen werden, dass ein Streit durch die Eifersucht des Partners entstehen kann. Es ist also nicht wie in der Hypothese angenommen, die Eifersucht die abhängige Variable, sondern in diesem Fall die unabhängige Variable. Sieht ein Partner einen Kommentar einer fremden Person des jeweils anderen Geschlechts unter dem Foto des andern Partners, kann der Grund für die Eifersucht, das Interesse der fremden Person am anderen Partner sein, zumal nicht deutlich ist, in welcher Beziehung beide zueinander stehen, wodurch eine Ungewissheit entsteht. An dieser Stelle müsste noch einmal genauer geprüft werden, ob Kommentare fremder Personen des jeweils anderen

Geschlechts Einfluss auf die Eifersucht der anderen Person haben. Dabei könnte zusätzlich geprüft werden, ob bestimmte Aussagen mehr oder weniger Einfluss haben oder ob die verfassende Person ebenfalls eine Rolle spielt.

Interpretation und Diskussion der Hypothese 3:

Hypothese 3 beinhaltet die Erwartung, dass die Häufigkeit von „gefällt mir"-Markierungen die Eifersucht in einer romantischen Beziehung beeinflusst. Wie bereits in den Ergebnissen dargestellt und wie erwartet wurde, konnte auch hier ein signifikanter positiver Zusammenhang gefunden werden von r = ,189. Das bedeutet, dass je häufiger der Partner Bilder von anderen Nutzern des anderen Geschlechts mit einem Like markiert desto stärker ist die Eifersucht des Partners. Der Grund dafür kann das öffentliche Interesse an der Person sein. Zu diesem Thema gibt es noch keine weiteren Studien, die dieses belegen oder widerlegt. Interessant wäre es zu sehen, ob nicht nur die Anzahl der „gefällt mir"-Markierungen eine Rolle spielt, sondern auch die Art des Selfies. Aufgrund der durchgeführten Interviews kann geschlossen werden, dass die Art des Bildes eine Rolle spielt. Auf die Fragen, ob nur ein Selfie stören würde, oder aber ein Landschaftsbild, war die Antwort, das Selfie. Als Begründung wurde genannt, dass wenn auf einem Bild noch eine Landschaft zu sehen ist, die Landschaft der ansprechende Faktor sein könnte und daher das Bild geliked wurde. Eine weitere Überlegung ist, dass die Person, von der die Bilder sind, auch Einfluss auf die Eifersucht hat. Sind die Bilder von einer Person, die einem unsympathisch ist oder die schon häufiger mit dem Partner geflirtet und Interesse gezeigt hat, reicht womöglich ein „gefällt mir" aus, um Eifersucht zu verstärken. Erstaunlich ist jedoch, dass nicht signifikante Ergebnis bei den Kontrollfragen. Hier lag das Signifikanzniveau bei p = ,077. Das ist eine Irrtumswahrscheinlichkeit von 7,7 % und liegt über dem akzeptierten Wert von 5 %. Das deutet darauf hin, dass der Zusammenhang, zwischen der Häufigkeit von „gefällt mir"-Markierungen des Partners und der Kontrolleifersucht rein zufällig ist. Das bedeutet aber auch, dass bei einer anderen Stichprobe ein anderes Ergebnis zustande kommen kann.

Interpretation und Diskussion der Hypothese 4

In der vierten Hypothese wird davon ausgegangen, dass durch häufiges Schreiben mit anderen Personen mithilfe des Smartphones, die Eifersucht des anderen Partners verstärkt wird. Durch die Korrelation von Spearman konnte ein geringer positiver signifikanter Zusammenhang gefunden werden (r = .180). Dies ist der geringste Korrelationswert, der im Rahmen dieser Untersuchung gefunden wurde.

Der Zusammenhang bestätigt die Untersuchung von Auinger (2014) und die Erwartungen. Der Korrelationskoeffizient fällt jedoch deutlich geringer aus als dies erwartet wurde. Auinger (2014) fand heraus, dass durch häufige Zurückweisungen aufgrund der intensiven Nutzung von Smartphones, Streit zwischen den Partnern entsteht. Zurückweisung und das Gefühl unwichtig zu sein, können in das Zuwendungsmotiv von Bruck (1992) eingeordnet werden. Dies ist hier der Fall, da die Kommunikation mit anderen wichtiger ist, als das Gespräch mit dem Partner. Andererseits ist bei einer Korrelation, die Richtung nicht vorgegeben. Daher sollte auch in Betracht gezogen werden, dass die Eifersucht des Partners das häufige Schreiben mit anderen Personen verursacht. Ein Argument ist auch hier, wie bei der Interpretation und Diskussion der Hypothese 3, das einhergehende fehlende Vertrauen und die Eifersucht, die eine Beziehung auseinanderbringen können.

Interpretation und Diskussion der Hypothese 5

In der letzten Hypothese ging es um den Unterschied zwischen Männern und Frauen in Bezug auf die Eifersucht. Hier wurde kein signifikanter Unterschied entdeckt. Das lässt darauf schließen, dass Frauen und Männer auf dieselben Situationen gleich stark eifersüchtig reagieren. Dies geht nicht mit bisherigen Befunden einher. Aretz et. al (2010) konnten bei Ihrer Studie feststellen, dass Frauen eine stärkere Eifersuchtsneigung aufweisen als Männer. An dieser Stelle ist jedoch zu sagen, dass die Studie von Aretz et. al (2010) von einem Unterschied zwischen der Digitalen Eifersucht und Eifersucht in der realen Welt ausgegangen ist. In ihrem Fragebogen bezog sie sich nur auf Situationen in Facebook. In der vorliegenden Untersuchung wurde von keinem Unterschied ausgegangen und es wurden Aussagen sowohl aus dem realen Leben als auch aus der digitalen Welt herangezogen. Dies könnte ein Grund für die unterschiedlichen Ergebnisse sein. Ein weiterer Punkt ist die ungleiche Verteilung der männlichen und weiblichen Probanden. Es haben deutlich mehr Frauen (74%) als Männer (26%) an der Studie teilgenommen.

5.2 Methodische Diskussion

Um die vorliegende Forschungsfrage zu beantworten wurde eine mehrstufige Datenerhebung ausgewählt. Dabei wurde zunächst ein qualitatives Interview durchgeführt. Bei einem noch nicht hinreichenden Forschungsfeld, wie der Einfluss von Social Media auf die Eifersucht in einer romantischen Beziehung, bietet sich dies an, da neue Sachverhalte in Betracht gezogen werden können. Es wurde daher ein halb-standardisiertes Interview gewählt. Dies hat den Vorteil, bei neuen Aspekten genauer auf die Probanden eingehen und bei wichtigen Stellen genauer nachzufragen zu können, wie beispielsweise, genauer darauf einzugehen, welche Verbindung zwischen den einzelnen Personen besteht und wie sie sich genau gefühlt haben. Auch auf die Motive der Bilder konnte genauer eingegangen werden. Jedoch hängt die Qualität der Ergebnisse stark von der durchführenden Person ab. Außerdem ist eine höhere Subjektivität gegeben und es ist schwer diese zu generalisieren. Die Probanden, mit denen das Interview durchgeführt wurde, wurden nach einem Zufallsprinzip ausgewählt. Es wäre jedoch besser gewesen Probanden auszuwählen, die in einer Beziehung sind und bei denen es bekannt ist, dass beide Parteien Social Media nutzen und sich deswegen häufiger streiten. Probanden, die zum Zeitpunkt des Interviews Single waren, konnten sich eventuell nicht mehr genau erinnern, was sie damals in der Beziehung bezüglich Social Media gestört hat oder ihre Erinnerungen sind verfälscht. Bei der Analyse des Interviews konnten dennoch einige Überschneidungen der Aussagen der Probanden festgestellt werden, die bei der Auswertung in die drei Kategoriensysteme fremde Personen, Profilbilder und Kommunikation eingeteilt wurden. Mit diesen brauchbaren Ergebnissen war es möglich den Fragebogen zu erstellen und zu optimieren. Der Fragebogen wurde gewählt, um die konkreten Hypothesen zu prüfen, die anhand des Theorieteils entstanden sind. Die quantitative Forschungsmethode bietet eine hohe Objektivität und eine hohe Anzahl von Probanden kann befragt werden. Jedoch erfasst der Fragebogen nur Momentaufnahmen, welche durch die aktuelle Stimmung beeinflusst sein können. Ebenso fehlt die standardisierte Umgebung beim Ausfüllen der Fragebögen, da der Link zum Fragebogen auf Facebook veröffentlicht wurde. Damit konnten die Probanden sowohl auf ihrem Computer oder Laptop, sowie auf ihrem Smartphone den Fragebogen ausfüllen. Mit dem Smartphone haben sie die Möglichkeit an jedem Ort, wie zum Beispiel in der Bahn, auf der Arbeit oder aber während sie mit Freunden unterwegs sind, diesen auszufüllen. Eine Störvariable stellt unter anderem die soziale Erwünschtheit dar. Menschen neigen dazu, sich in einem besseren Licht darzustellen. In diesem Fall, wäre es möglich, dass die Probanden sich weniger eifersüchtig darstellen, als sie eigentlich sind. Ebenso muss beachtet werden, dass sich die Probanden selbst beurteilen mussten. Wenn Personen sich selbst einschätzen müssen, haben sie ein spezielles Bild von sich. Ob dieses Bild mit der Realität oder einer Fremdeneinschätzung übereinstimmt, ist unklar. Die Ergebnisse können daher nur in dem Sinne interpretiert werden, dass sie sich auf die Selbstbeschreibung der Probanden beziehen. Diese verschiedenen Störvariablen können daher die Ergebnisse beeinflusst haben.

Da in den meisten Studien vor allem Collage Studenten befragt wurden, sind bei dieser Forschung keine Altersgrenzen gesetzt worden und die Probanden waren zwischen 17 Jahre und 60 Jahre alt. Die meisten der Probanden waren jünger als 30 Jahre (73,6%). Das liegt daran, dass die Umfrage auf Facebook veröffentlicht wurde. Durch die Weiterleitung an Freunde und Bekannte wurde die Stichprobe durch ein Schneeballverfahren selektiert. Hierbei wäre es sinnvoll gewesen, explizit nur jüngere Probanden anzusprechen, da gerade die jüngeren Probanden auf Facebook aktiv sind. Eine andere Möglichkeit wäre es, gezielt mehr ältere Probanden über weitere Kanäle anzusprechen, um eine repräsentative Stichprobe zu erhalten. Dabei wäre es auch vorteilhaft gewesen auf eine gleiche Stichprobenverteilung zu achten. Gleiche Anzahl an Frauen und Männern. In Bezug auf das Ergebnis der fünften Hypothese hätte eine gleiche Stichprobenverteilung eventuell einen Unterschied zwischen Männern und Frauen bezüglich der Eifersucht ergeben. Dies würde auch die theoretischen Annahmen bestätigen. Außerdem dürfen die Ergebnisse nicht ohne weiteres auf andere Stichproben übertragen werden, da wie beschrieben, die Stichprobe nicht repräsentativ ist. Eventuell ergeben sich bei einer anderen Stichprobe andere Ergebnisse. Im Hinblick auf die Konzeption des Fragebogens ist zu erwähnen, dass viele soziodemografische Fragen gestellt worden sind. Diese sind zwar wichtig für die Stichprobenbeschreibung, jedoch im Hinblick auf die Hypothesenprüfung, abgesehen von dem Item „Geschlecht", nicht von besonderer Relevanz. Es wurde außerdem nach der Länge der jetzigen oder falls der Proband Single ist, nach der Länge der letzten Beziehung gefragt. Diese Informationen hätten ebenfalls mit in die Auswertungen mit einbezogen werden können, da davon ausgegangen werden kann, dass bei Paaren mit einer längeren Beziehung mehr Vertrauen ineinander besteht und daher die Eifersucht nicht so groß ist. Kritisierbar ist der Fragebogen außerdem noch wegen der fehlenden Belege zur Validität des Tests. Daher können die Ergebnisse vor diesem Hintergrund keine Allgemeingültigkeit erlangen.

6 Fazit

Ziel der vorliegenden Studie war es zu prüfen, ob Social Media Einfluss auf die Eifersucht in einer romantischen Beziehung haben. Zu diesem Zwecke wurde zunächst genauer geklärt was Eifersucht ist und aus welchen Gründen diese entstehen kann. Hinzu kommt die Betrachtung des Themas Social Media mit den Schwerpunkten Kommunikation und Selbstdarstellung sowie die bisherige Forschung zu diesem Thema. Die weiteren Kapitel der Arbeit dienen der Untersuchung der Fragestellung. Die Stichprobe umfasst 77 Frauen und 29 Männer zwischen 17 und 60 Jahren. Dabei ergab sich, dass bei diesem Thema noch viele offene Fragen zu beantworten sind, denn es gibt fast keine Studien, die mögliche Auslöser oder Verstärker für Eifersucht in Social Media untersuchen. Die Datenerhebung setzt sich aus zwei Abschnitten zusammen. Zunächst wurde ein qualitatives Interview durchgeführt, worauf sich der Online-Fragebogen stützt. Erfasst wurden die Variablen Social Media Verhalten des Partners (Häufigkeit von Selfies posten, Kommentare von fremden Personen, „gefällt mir"-Markierungen des Partners und die Kommunikation) Eifersucht und Kontrolleifersucht. Die Daten wurden mittels Korrelationsberechnungen analysiert. Was die Variable Häufigkeit von Selfies posten betrifft, so konnte zwischen ihr und der Eifersucht ein geringer positiver Zusammenhang festgestellt werden. Ebenfalls konnte ein sehr ähnlicher Zusammenhang zwischen der Häufigkeit von Selfies posten und der Kontrolleifersucht entdeckt werden. Ein geringer positiver Zusammenhang wurde zwischen einem Streit aufgrund eines Kommentars einer fremden Person und Eifersucht aufgezeigt. Auch dies wurde erneut mit der Kontrolleifersucht bestätigt. Zwischen der Abundanz von „gefällt mir"-Kennzeichnungen und Eifersucht wurde gleichfalls ein geringer positiver Zusammenhang ermittelt. Hier zeichnet sich die erste Besonderheit ab. Obwohl jedes Ergebnis bei den anderen Variablen eng mit den Ergebnissen der Kontrolleifersucht einhergeht, konnte hier kein signifikanter Zusammenhang festgestellt werden. Die Korrelation zwischen der Abundanz von „gefällt mir"-Kennzeichnungen und der Kontrolleifersucht ist hier also reiner Zufall. Was die Kommunikation über das Smartphone mit anderen Personen betrifft, wurde aufgezeigt, dass auch hier ein geringer positiver Zusammenhang zur Eifersucht und zur Kontrolleifersucht besteht. Damit konnte die erste Hypothese, die zweite, die dritte nur zum Teil und die vierte Hypothese bestätigt werden (siehe Tabelle 1). Zum Schluss sollte außerdem noch geprüft werden, ob ein signifikanter Unterschied zwischen den Geschlechtern in Bezug auf die Eifersucht existiert. Dies konnte, obwohl viele bereits bestehende Untersuchungen dies gezeigt, nicht bestätigt werden. Aus den Ergebnissen lässt sich schließen, dass Social Media Einfluss auf die Eifersucht in einer Liebesbeziehung haben. Zwar kann anhand dieser Befunde geschlossen werden, dass der Zusammenhang gering ist, doch gilt es dies noch weiter zu Untersuchen. Bei weiteren Studien sollten die einzelnen Bestandteile von Social Media, wie Bilder, Kommentare und die Kommunikation genauer betrachtet werden, da diese Bereiche viele Fassetten aufweisen und somit auch immer anders auf die Eifersucht Einfluss nehmen. Dabei wäre es auch interessant zu sehen, ob die verschiedenen Variablen bei Männern und Frauen in Bezug auf die Eifersucht unterschiedlich Einflussnehmen. Auch wenn diese Studie keinen Unterschied zwischen den Geschlechtern feststellen konnte, was eventuell an der ungleichen Anzahl an Männern und Frauen lag, konnten andere Studien durchaus einen Unterschied feststellen. Auch das sich Männer und Frauen in den Ursachen von Eifersucht unterscheiden.

Insgesamt lässt sich hieraus der Schluss ziehen, dass Social Media Einfluss auf die Eifersucht in einer romantischen Beziehung haben und somit auch Einfluss auf die Beziehung. Insofern steht zu hoffen, dass sich in Zukunft weiterhin Forscher mit diesem Thema auseinandersetzten, da Social Media und die Liebe wohl immer ein großer Bestandteil unseres Lebens bleiben werden.

7 Literaturverzeichnis

Aghamanoukjan, A., Buber, R. & Meyer, M. (2009). Qualitative Interviews. In R. Buber & H.H. Holzmüller (Hrsg.), *Qualitative Marktforschung. Konzepte-Methoden-Analysen* (S. 415-436). Wiesbaden: GWV Fachverlag GmbH

Altmeyer, M. (2016). Auf der Suche nach Resonanz: Wie sich das Seelenleben in der digitalen Moderne verändert. Göttingen: Vandenhoeck & Ruprecht GmbH & Co. KG.

Aretz, W., Becher, L., Casalino, A.-L- & Bonorden, C. (2010). Digitale Eifersucht: Die Kehrseite sozialer Netzwerke. *Eine empirische Untersuchung. Journal of Business and Media Psychology*, 1, 17-24.

Bacigalupe, G. & Lambe, S. (2011). Virtualizing intimacy: Information communication technologies and transnational families in therapy. Family Process, 50, 12-26.

Baumgart, H. (1985a). Eifersucht: Erfahrungen und Lösungsversuche im Beziehungsdreieck. Reinbeck: Rowohlt.

Baumgart, H. (1985b). Versuch über den Umgang mit Eifersucht: Liebe und Selbstliebe. Der Monat, 37, (294), 101-116.

Beer, D. (2008). Social Network(ing) Sites – Revesting the Story so far: A response to Danah Boyd & Nicole Ellison. *Journal of Computer-Mediated Communication*, 13 (2), 516-529.

Benard, C. & Schlaffer E. (1985). Eifersucht: Das Leiden, das uns schafft. *Psychologie Heute*, 12 (12), 20-28.

Bischof, N. (2014). *Psychologie: Ein Grundkurs für Anspruchsvolle*. Stuttgart: Kohlhammer.

Borneman, E. (1987). Eifersucht: Der Phantasie sind keine Grenzen gesetzt. *Sexualmedizin*, 16, 340-343.

Bortz, J. & Döring, N. (2006). Forschungsmethoden und Evaluation für Human- und Sozialwissenschftler. 4. Auflage. Heidelberg: Springer Medizin Verlag.

Bow, G. (2010). Reading romance: The impact Facebook ritual can have on a romantic relationship. *Journal of Comparative Research in Anthropology and Sociology*. 1(2), 61-77.

Boyd, D. & Ellison, N. (2007). Social Network Sites: Definition, History, and Scholarship. *Journal of Computer-Mediated Communication*, 13(1), 210-230.

Bringle, R.G., Roach, S. Andler, C. &Evenbeck, S. (1979). Measuring the intensity of jealousy reactions. *Catalog of Selected Documents in Psychology*, 9, 23-24.

Bringle, R.G. & Williams, L.J. (1979). Parental-offspring similarity on jealousy and related personality dimensions. *Motivation and Emotion*, 3, 265-286.

Bringle, R.G. & Buunk, B. P. (1991). Eifersucht und Partnerschaft. In M. Amelang, H.-J. Ahrens & H.W. Bierhoff (Hrsg.), *Partnerwahl und Partnerschaft. Formen und Grundlagen partnerschaftlicher Beziehungen* (S. 71-92). Göttingen: Hogrefe.

Bruck, A. (*1990). Sexuelle Eifersucht. Erscheinungsformen und Bewältigungsmöglichkeiten im Kulturenvergleich*. Opladen: Westdeutscher Verlag GmbH.

Bruck, A. (1992). *Eifersucht bewältigen. Wege aus einem Interessenskonflikt*. Opladen: Westdeutscher Verlag GmbH.

Burk, S.C., Wallen, M. Vail-Smith, K. & Knox, D. (2011). Using technology to control intimate partners: An exploratory study of college undergraduates. *Computers in Human Behavior*. 27(3), 1162-1167.

Büttner, V. (2013). Akzidentielle Medienhypes: Entstehung, Dynamik und mediale

Buss, D.M. (2013). Sexual Jealousy. *Psychological Topics* 22, 2, 155-182.

Buss, D.M., Larsen R.J., Westen, D. & Semmelroth, J. (1992). Sex Differences in jealousy: Evolution, Physiology, and Psychology. *Psychological Science*, 3(4), 251-255.

Buss D.M. & Schmitt D.P. (1993). Sexual strategies theory: an evolutionary perspective on human mating. *Psychological Review*, 100, 204-232.

Buunk, B.P. (1981). Jealousy in sexually open marriages. *Alternative Lifestyles*, 4, 357-372.

Buunk, B.P. (1984). Jealousy as Related to Attribution for the Partner´s Behavior. *Social Psychology Quarterly*, 7, 107-112.

Buunk, B.P., (1986). Husband´s jealousy. In R.A. Lewis & R. Salt (Hrsg.). *Men in families* (S. 97-114). Beverly Hills, CA:Sage.

Buunk, B.P., & Dijkstra, P. (2001). Extradyadic relationships and jealousy. In C. Hendrick & S.S. Hendrick (Hrsg.), *Close relationships: A sourcebook* (S. 316-329). London: Sage Publications.

Buunk, B.P., & Dijkstra, P. (2006). Temptations and threat: Extradyadic relationships and jealousy. In A.L. Vangelisti & D. Perlman (Hrsg.), *The Cambridge handbook of personal relationships* (S. 533-556). New York: Cambridge University Press.

Coyne, S.M., Stockdale, L., Bubsy, D., Iverson, B. & Grant, D.M. (2011). *"I luv u!"* : *A descriptive study of the media use of individuals in romantic relationships.* Family Relations: interdisciplinary Journal of Applied Family Studies, 60, 150-162.

Couch, L.L. & Jones, W.H. (1997). Measuring levels of trust. *Journal of Research in Personality,* 31, 319-336.

Christakis, N. A. & Flower, J. H. (2010). *Connected. Die Macht sozialer Netzwerke und warum Glück ansteckend ist.* Frankfurt: S. Fischer.

Cohen, E.L., Bowman, N.D. & Borchert, K. (2014). Privat flirts, public friends: Understanding romantic jealousy responses to an ambiguous social network site message as a function of message access exclusivity. *Computer in Human Behavior,* 35(4), 535-541.

Csef, H. (2005). Sexualstörungen im Kontext von sexueller Untreue und Eifersucht. In G. Nissen, G. Csef, W. Berner & F. Badura (Hrsg.), *Sexualstörungen: Ursachen, Diagnose, Therapie* (S. 95-107). Darmstadt: Steinkopff Verlag-

Deister, A. (2011). Eifersucht – Psychopathologie und forensische Bedeutung. In M. Lammel, S. Sutarski, S. Lau & M. Bauer (Hrsg.), *Wahn und Schizophrenie: Psychologie und forensische Relevanz* (s. 113-119). Berlin: Medizinische Wissenschaftliche Verlagsgesellschaft.

Dutton, W. & Helsper, E.J. (2007). The Internet in Britain: Oxis 2007. Oxford, UK: Oxford Internet Institute, University of Oxford.jo

Döbler, T. (2014). Das Ende der Verbindlichkeit? Veränderung sozialer Beziehungen durch mobiles Kommunikationsverhalten. In J. Wimmer & M. Hartmann (Hrsg.), *Medienkommunikation in Bewegung. Mobilisierung- Mobile Medien- Kommunikative Mobilität* (S.139-154). Wiesbaden: Springerverlag.

Ebersbach, A., Glaser, M. & Heigl, R. (2008). *Social Web*. Konstanz: UVK.

Eckstein, P.P. (2016). *Angewandte Statistik mit SPSS. Praktische Einführung für Wirtschaftswissenschaftler*. 8. Auflage. Wiesbaden: Springer Gabler.

Ellis, A. (1977). Rational and irrational jealousy. In G. Clanton & L.G. Smith (Hrsg.) *Jealousy* (S. 152-158). Englewood Cliffs, NJ: Prentice-Hall

Ellison, N.B., Steinfield, C. & Lampe, C. (2007). The Benefits of Facebook Friends: Social Capital and College Students Use of Online Social Network Sites. *Journal of Computer-Mediated Communication*, 12 (4), 1142-1168.

Francis, J.L. (1977). Toward the management of heterosexual jealousy. *Journal of Marriage and Family Therapy*, 3, 61-69.

Freud S. (1922). Über einige neurotische Mechanismen bei Eifersucht, Paranoia und Homosexualität. *Internationale Zeitschrift für Psychoanalyse*, 8, 249-258.

Gerhard, M., Klingler, W. & Trump, T. (2008). Das Social Web aus Rezipientensicht: Motivation, Nutzung und Nutzertypen. In A. Zerfass, M. Welker, J. Schmidt (Hrsg.), *Kommunikation, Partizipation und Wirkung im Social Web. Grundlagen und Methoden:Von der Gesellschaft zum Individuum* (S. 129-148). Köln: Herbert von Halem Verlag.

Guadagno, R.E. & Sagarin, B.J. (2010). Sex differences in jealousy: an evolutionary perspective on online infidelity. *Journal of Applied Social Psychology*, 40, 2636-2655.

Grold, L.J. (1972). Patterns of Jealousy. *Medical Aspects of Human Sexuality*, 6, 118-126.

Gross, E. F., Juvonen, J. & Gable, S. L. (2002). The Social Life of Wireless Urban Spaces: Internet Use, Social Networks and the Public Realm. *Journal of Communication*, 60, 701-722.

Haferkamp, N. (2011). Authentische Selbstbilder, geschöhnte Fremdbilder. In C. Neuberger & V. Gehrau (Hrsg.), *StudiVZ* (S. 178-203). Wiesbaden: Springer Fachmedien Wiesbaden GmbH.

Halper, D., Katz J.E. & Carril, C. (2016). The online ideal persona vs. the jealousy effect: Two explanations of why selfies are associated with lower-quality romantic relationships. *Telematics and Informatics*, 34, 114-123.

Hansen, G. (1982). Reaction to hypothetical jealousy producing events. *Family Relations*, 31, 513-518.

Haider, J. (2012). *Facebook – Eine Nutzertypologie. Persönlichkeit und Motive der User*. Hamburg: Diplomica Verlag GmbH.

Hansen, G. (1985). Perceived threats and marital jealousy producing events. *Social Psychology Quarterly*, 48, 262-268.

Hoaken (1976). Jealousy as a symptom of psychiatric disorder. *Australian and New Zealand Journal of Psychiatry*, 10, 47-51.

Hudson, M.B., Nicolas, S.C., Howser, M.E., Lipsett, K.E., Robinson, I.W., Pope, L.J., Hobby, A.F. & Friedman, D.R. (2015). Examining How Gender and Emoticons Influence Facebook Jealousy. *Cyberpsychology, Behavior, and social Networking*, 18(2), 87-92.

Hupka, R.B. (1981). Cultural determinants of jealousy. *Alternative Lifestyles*, 4, 310-356.

Hupka, R.B. & (2009). Eifersucht. In V. Brandstätter & J.H. Otto (Hrsg.), *Handbuch der Allgemeinen Psychologie – Motivation und Emotion* (S. 605-610). Göttingen: Hogrefen Verlag gmbH & Co. KG.

Hussy, W., Schreier, M. & Echterhoff, G. (2013). *Forschungsmethoden in Psychologie und*

Sozialwissenschaften. Berlin Heidelberg: Springer Verlag.

Jones, E. (1930). Die Eifersucht. *Die Psychoanalytische Bewertung*, 2, 154-67.

Kilian, K. (2010). Was sind Social Media? *Absatzwirtschaft*, 3 (52), S. 6.

Koch, T. (2014). *Selfies – Ein starkes Werkzeug für das persönliche Imression Managent: Visuelle Inszenierung in sozialen Netzwerken*. Hamburg: Diplomica Verlag GmbH.

Kobilke, K. (2016). *Erfolgreich mit Instagram: Mehr Aufmerksamkeit mit Fotos & Videos*. Frechen: mitp Verlags GmbH & Co KG.

Lampe, C., Ellison, N. & Steinfield,C. (2006). A Face(book) in the crowd: Social searching vs. Social browsing. Proceedings of the 2006 20th *Anniversary Conference on Computer Supported Cooperative Work* (S. 167-170). New York: ACM Press.

Lampert, C. & Kühn, J. (2016). Kommunizieren, Koordinieren, Kontrollieren. Zur Rolle von mobil genutzen Instan-Messaging-Diensten in der Familie. *Studies in Communication Sciences*,16, 36-42.

Mai, L. & Wilhelm, J. (2015). „Ich weiß, wann du online warst, Schatz". Die Bedeutung der WhatsApp-Statusanzeigen für die Paarkommunikation on Nah- und Fernbeziehungen. Marbur: Tectum Verlag.

Mees, U. & Schmitt, A. (2003).Eifersuchtstypen: Qualitative Unterschiede und differentielle Beziehungen zu Liebe, Bindung und Merkmalen der Liebesbeziehung. In U. Mees & A. Schmitt (Hrsg.), *Emotions-Psychologie – Theoretische Analysen und empirische Untersuchungen* (S.155-188). Oldenburg: (BIS)-Verlag-

Melamed, T. (1991). Individual differences in romantic jealousy: The moderating effect of realtionship characteristics. *European Journal of Social Psychology,* 21, 455-461.

Mergel, I., Müller, P.S., Parycek, P. & Schulz, S.E (2013). *Praxishandbuch Soziale Medien in der öffentlichen Verwaltung*. Wiesbaden: Springer.

Myers, D.G: (2008). *Psychologie*. Heidelberg: Springer Medizin Verlag.

Northrup, J. & Smith, J. (2016). Effects of Facebook Maintenance Behavior on Partners´ Experience of Love. *Contemporary Family Therapy*, 38, 245-253.

Parott, W.G. (1991). The emotional experiences of envy and jealousy. In Salovey (Hrsg.), *The psychology of Jealousy and Envy* (S.3-30). New York/ London: The Guilford Press.

Parott, W.G. & Smith, R.H. (1993). Distinguishing the experience of envy and jealousy. *Journal of Personality and Social Psychology*, 64(6), 906-920.

Pfeiffer, S.M. & Wong, P.T.P (1989). Multidimensional jealousy. *Journal of Social and Personal Relationships*, 6, 181-196.

Podolsky, E. (1961). Jealousy as a motive in homicide. *Diseases of the Nervous System*, 22, 438-441.

Raab-Steiner, E. & Benesch, M. (2010). *Der Fragebogen. Von der Forschungsidee zur*

SPSS/APSW Auswertung. Stuttgart: UTB.

Rasch, B., Friese, M., Hofmann, W. & Naumann, E. (2014).*Quantitative Methoden 2. Einführung in die Statistik für Psychologen und Sozialwissenschaftler*. 4. Auflage. Berlin, Heidelberg: Springer.

Rumsey, D. (2013). *Statistik 2 für Dummies*. Weinheim: Wiley-VCH Verlag GmbH & Co.KG.

Rütten, L. (2011). Oberflächlich und folglos? Nutzerbefraung IV: Kommunikationshemmnisse, Selbstdarstellung und das Knüpfen neuer Kontakte im StudiVZ. In C. Neuberger & V. Gehrau (Hrsg.*), StudiVZ – Diffusion, Nutzung und Wirkung eines sozialen Netzwerkes im Internet* (S. 162-177). Wiesbaden: Spinger Fachmedien Wiesbaden GmbH.

Russel, E.B. & Harton H.C. (2005). The „other factors": using individual and relationship characteristics to predict sexual and emotional infidelity. *Current Psychology: Developmental, Learning, Personality, Social,* 24, 242-257

Scheffler, H. (2014). Soziale Medien. Einführung in das Thema aus Sicht der Marktforschung. C. König, M. Stahl & E., Wiegand (Hrsg.). *Soziale Medien. Gegenstand und Instrument der Forschung* (S. 13-27). Wiesbaden. Springer VS.

Schilliger, R. (2010). *Faszination Facebook. Motivationsfaktoren bei der aktiven Partizipation von Online Social Networks*. Hamburg: Diplomica Verlag GmbH.

Schmidt, J.-H. (2013). *Social Media*. Wiesbaden: Springer.

Schmidt, S. & Mucundorfeanu, M. (2010). Online Soziale Network Seiten und deren Anwendungen. *Journal of Media Research*, 6(1), 75-85.

Salovey, P. & rodin, J. (1989). Envy and jealousy in close relationships. In C. Hendrick (Hrsg.), *Review of Personality and Social Psychology*, Vol. 10 (221-246), Newbury Park, CA: Sage.

Sharpesteen, D. J. (1991): The organization of jealousy knowledge: Romantic jealousy as a blanded emotion. In P. Salovey (Hrsg.): *The Psychology of Jealousy and Envy* (S.31-51). New York: The Guilford Press.

Schultz, J.W. (1980). *Blackfeet and Buffalo*. Norman: University of Oklahoma.

Schützwohl, A. (2011). Eifersucht in Liebesbeziehungen. *Zeitschrift für Sexualforschung*, 24, 134-154.

Steinke, I. (2009). Die Güte qualitativer Marktforschung. In Buber R. & Holzmüller H.H. (Hrsg.), *Qualitative Marktforschung. Konzepte-Methoden-Analysen* (261-280). Wiesebaden: Gabler.

Soyka, M. (1992). *Zur Klinik des Eifersuchtswahns*. In W. Kaschka & E. Lungershausen (Hrsg.) Paranoide Störungen (53-65). Berlin: Springer Verlag.

Soyke, M. (2005). *Wenn Frauen töten: psychiatrische Annäherung an das Phänomen weiblicher Gewalt*. Stuttgart: Schattauer GmbH.

Teisman, M.W. & Mosher, D.L. (1987). Jealousy conflict in dating couples. *Psychological Reports*, 42, 1211-1216.

Temper, R. (2014). *„Ständig erreichbar – Über die Auswirkungen von Smartphones auf die sozialen Beziehungen von Jugendlichen"*. Magisterarbeit Universität Wien.

Tiefer, L. (1981*). Die menschliche Sexualität: Einstellungen und Verhaltensweisen*. Weinheim, Basel: Beltz.

Thibaut, JW. & Kelly, K.H. (1959). *The social psychology of groups*. New York: Wiley.

Ulich, D. & Mayring, P. (2003). *Psychologie der Emotionen*. Stuttgart: Kohlhammer.

Völkel, H. (1986). Narzißmus und Eifersucht: Wege zum Verständnis und Therapieansätze. *Sexualmedizin*, 15, 330-339.

Wade, T.J. & Walsh, H. (2008). Does the Big-5 Relate to Jealousy, or Infidelity Reactions? *Journal of social, Evolutionary, and Cultural Psychology*, 2, 133-143.

Weinberg, T. (2010). *Social Media Marketing. Strategien für Twitter, Facebook & Co.*,1. Auflage. cybercheating: men´s and women´s representations of unfaithful Internet realtionships. *Social Science Computer Review*, 23, 57-67. Köln: O´Reilly Verlag.

Weiser, E.B. (2015). #Me: Narcissim and ist facets as predictors of selfie-posting frequency. Personality Individual Differ, 86, 477-481.

Weissensteiner, E. & Leiner, D. (2011). Facebook in der Wissenschaft. Forschung zu sozialen Onlinenetzwerken. *Medien & Kommunikationswissenschaft*, 4, 526-544.

White, G.L. & Mullen, P.E. (1989). *Jealousy: Theory, research, and clinical strategies*. New York: Guilford Press.

Whitty, M.T. (2005). The realness of cybercheating men´s and women´s representations of unfaithful Internet relationships. Social Science Computer Review, 23, 57-67.

Xiaojun, W. (2000). Relationship between jealousy and personality. *Act Psychological Sinica*, 34, 175-182.

Ziegler, M. (2012). *´Facebook, Twitter & Co. – Aber sicher!: Gefahrlos unterwegs in sozialen Netzwerken*. München: Carl Hanser Verlag GmbH & Co.KG

Zimmerman, J. & Ng, D. (2012). *Social Media Marketing All-in-One For Dummies*. Hoboken, New Jersey: John Wiley & Sons.

Zöfel, P. (2003). *Statistik für Psychologen. Im Klartext*. München: Pearson Studium.

7.1 Internetquellen

Adeoso, M.-S. (2012). Soziale Netzwerke: Der Mythos vom Scheidungsgrund Facebook. Zeit Online. Zugriff am 21.05.2017 von http://www.zeit.de/digital/internet/2012-01/mythos-scheidungsgrund-facebook.

ARD & ZDF (2016). *ARD-/ZDF-Onlinestudie 2016*. Zugriff am 220.05.2017, von http://www.ard-zdf-onlinestudie.de/index.php?id=568.

Bülow, A. (2015). Warum Eifersucht viel besser als ihr Ruf ist. Zugriff am 7.04.2017, von https://www.welt.de/gesundheit/psychologie/article138843673/Warum-Eifersucht-viel-besser-als-ihr-Ruf-ist.html.

Bitkom Research (2015). Kinder und Jugendliche in der digitalen Gesellschaft 2014. Zugriff am 20.05.2017 von https://de.statista.com/statistik/daten/studie/165585/umfrage/nutzung-der-swyn-funktion-in-deutschland/

Cwielong, I. (2016). Digitale Mediennutzung Jugendlicher und junger Erwachsener, kritische soziale und jugendkulturelle Phänomene im Internet. Schriftfassung des auf der Fachtagung für Beisitzerinnen und Beisitzer der BPjM am 26. Und 27.10.2016 gehaltenen Vortrags. Zugriff am 11.05.2017 von http://www.bundespruefstelle.de/RedaktionBMFSFJ/RedaktionBPjM/PDFs/BPJMAktuell/bpjm-aktuell-201604-aktuelle-Trends,property=pdf,bereich=bpjm,sprache=de,rwb=true.pdf.

Dudenredaktion (o.J.): „Follower" auf Duden online. Zugriff am 15.05.2017 von : www.duden.de/rechtschreibung/Follower.

Facebook (2015a). Facebook Startseite Computeransicht. Zugriff am 21.03.2017, von https://www.facebook.com/.

Goffman, E. (1959). The Presentation of Self in Everyday Life. University of Edinburgh. Aufgerufen am 12.02.2017 von https://monoskop.org/images/1/19/Goffman_Erving_The_Presentation_of_Self_in_Everyday_Life.pdf

Hu, Y., Manikonda, L. & Kambhampati, S. (2014). What We Instagram: A First Analysis of Instagram Photo Content and User Types. *Department of Computer Science*, Arizona State University, Tempe AZ 85281. Zugriff am 21.03.2017, von http://149.169.27.83/instagram-icwsm.pdf abgerufen am 21.03.2017.

Novelli, P. (2012). Men are form Foursquare, women are from Facebook. Zugriff am 20.05.2017 von https://de.statista.com/statistik/daten/studie/219925/umfrage/gruende-fuer-die-nutzung-von-social-media-in-europa-nach-geschlecht/.

Oxford dictionary <http://blog.oxforddictionaries.com/press-releases/oxford-dictionaries-word-of-the-year-2013/>.

Parks, M.R. & Floyd, K. (1996). Making friends in cyberspace. *Journal of Computer-Mediated Communication,* 1 (4). Zugriff am 6.02.2017 von http://onlinelibrary.wiley.com/doi/10.1111/j.1083-6101.1996.tb00176.x/full

Tomorrow Focus Media (2015). Social Trends – Social Media. In Social Trends – Social Media, S. 16. Zugriff am 20.05.2017 von https://de.statista.com/statistik/daten/studie/4328/umfrage/hauptgruende-fuer-die-mitgliedschaft-in-social-networks/.

Welt (2009), Immer mehr lassen sich wegen Facebook scheiden. Zugriff am 21.05.2017 von https://www.welt.de/wirtschaft/webwelt/article5623086/Immer-mehr-lassen-sich-wegen-Facebook-scheiden.html.

Anhang

Leitfaden Interview

Was stört Sie am Social Media Verhalten ihres Partners?

Haben Sie bei Freunden oder Bekannten bezüglich Eifersucht durch Social Media etwas mitbekommen?

Haben Sie ein Idee, was Ihren Partner an Ihrem Social Media Verhalten stört?

Wie reagieren Sie, wenn ihr Partner eine fremde Frau/ einen fremden Mann zur Kontaktliste hinzufügt?

Würden Sie sich selbst als eifersüchtig bezeichnen?

Fragebogen

Herzlich willkommen!

Vielen Dank für die Teilnahme an meiner Studie zum Thema "Digitale Eifersucht", welche im Rahmen meiner Bachelorarbeit im Bereich Medien- und Wirtschaftspsychologie an der HMKW Köln durchgeführt wird.

Die Durchführung wird ca. 5 Minuten in Anspruch nehmen und ist anonym.

Vielen Dank für Ihre Unterstützung!

1. Geben Sie Ihr Geschlecht an.

　○　weiblich

　◉　männlich

2. Wie alt sind Sie?

Ich bin ☐ Jahre alt

3. Was machen Sie beruflich?

　○　Schüler/in

　○　Auzubildende/ r

　○　Student/in

　○　Angestellte/r

- ○ Beamte/r
- ○ Selbstständig
- ○ Arbeitslos/Arbeitsuchend
- ● Sonstiges: [   ]

4. Welche sexuelle Neigung haben Sie?

- ● Homosexuell   ○ Heterosexuell   ○ Bisexull   ○ Keine Angabe

5. Wie lautet Ihr aktueller Beziehungsstatus?

Sie sind: Bitte Wählen

7. Wie lange besteht Ihre aktuelle Beziehung schon, bzw., wie lange bestand Ihre letzte Beziehung?

[   ] Monate

6. Welche Apps benutzt Ihr Partner oder, falls Sie single sind, welche Apps benutzt Ihr Ex-Partner? (Mehrfachauswahl möglich!)

- ☐ Facebook
- ☐ Instagram
- ☐ Whatsapp
- ☐ Snapchat
- ☐ Keine

Anhang

Zur Beantwortung der folgenden Fragen denken Sie bitte an Ihren Partner oder Ex-Partner!

	Nie	Sehr selten	1 Mal im Monat	Mehrmals im Monat	1 Mal die Woche	Mehrmals die Woche	Jeden Tag
Wie häufig postet Ihr Partner Selfies?	○	○	○	○	○	○	○
Wie oft haben Sie sich mit Ihrem Partner, aufgrund eines Kommentars gestritten, welches Sie unter einem Bild von ihm gesehen haben?	○	○	○	○	○	○	○
Wie oft markiert Ihr Partner Bilder von fremden Personen des anderen Geschlechts mit „gefällt mir"?	○	○	○	○	○	○	○
Wie häufig beschäftigt sich Ihr Partner mit seinem Smartphone und nicht mit Ihnen, obwohl ihr zusammen Zeit verbringt?	○	○	○	○	○	○	○

Bitte beantworten Sie die folgende Frage ohne lange zu überlegen!

7. Geben Sie an, ob Sie den Aussagen überhaupt nicht zustimmen (1) oder voll und ganz zustimmen (5). Mit den Werten dazwischen können Sie Ihre Antworten abstufen.

Bei den Aussagen handelt es sich um eine fremde Person des jeweils anderen Geschechts, die Sie persönlich nicht kennen.

	Stimme überhaupt nicht zu 1	2	3	4	Stimme voll und ganz zu 5
Es beunruhigt mich, wenn mein Partner eine Freu/ einen Mann im Fernsehen attraktiv findet.	○	○	○	○	○
Ich suche ständig nach Anzeichen, dass mein Partner die Gesellschaft des anderen Geschlechts genießt	○	○	○	○	○
Es stört mich, wenn sich mein Partner sehr gut mit einer fremden Person des anderen Geschlechts versteht.	○	○	○	○	○
Wenn mein Partner mit einer fremden Person des anderen Geschlechts tanzt, werde ich wütend.	○	○	○	○	○
Wenn mein Partner sich mit einer fremden Person des anderen Geschlechts trifft, mache ich mir sorgen.	○	○	○	○	○
Wenn mein Partner mit einer fremden Person des anderen Geschlechts schreibt, werde ich misstrauisch.	○	○	○	○	○

Anhang

Ich schaue heimlich in das Smartphone meines Partners, wenn ich die Gelegenheit dazu habe.	○	○	○	○	○
Es stört mich, wenn mein Partner feiern geht und ich weiß, dass fremde Mädchen/ fremde Jungs auch dabei sind.	○	○	○	○	○
Es beunruhigt mich, wenn mein Partner eine fremde Person des anderen Geschlechts zu seiner Freundesliste hinzufügt.	○	○	○	○	○
Ich checke regelmäßig die Seite meines Partners und schaue, ob er neue Freunde hinzugefügt hat.	○	○	○	○	○
Ich mache mir Sorgen, dass mein Partner Social Media benutzt um neue Personen des anderen Geschlechts kennenzulernen.	○	○	○	○	○
Mein Partner erzählt schwärmerisch von einer anderen Frau/ einem anderen Mann. Das beunruhigt mich.	○	○	○	○	○
Es stört mich, wenn ich sehe, dass mein Partner einer fremden Person des anderen Geschlechts auf die Pinnwand schreibt.	○	○	○	○	○
Es stört mich, wenn mein Partner sein Profilbild von uns in ein Selfie ändert.	○	○	○	○	○

8. Geben Sie an, ob Sie der Aussagen überhaupt nicht zustimme (1) oder voll und ganz zustimmen (5). Mit den Werten dazwischen können Sie Ihre Antworten abstufen.

	Stimme überhaupt nicht zu. 1	2	3	4	Stimme voll und ganz zu. 5
Es stört mich, wenn sich mein Partner mit einer Person des anderen Geschlechts sehr gut versteht.	○	○	○	○	○
Wenn mein Partner mit einer Person des anderen Geschlechts tanzt, werde ich wütend.	○	○	○	○	○
Wenn mein Partner sich mit einer Person des anderen Geschlechts trifft, mache ich mir sorgen.	○	○	○	○	○
Wenn mein Partner mit einer Person des anderen Geschlechts schreibt, werde ich misstrauisch.	○	○	○	○	○
Es stört mich, wenn mein Partner eine Person des anderen Geschlechts zu seiner Freundesliste hinzufügt.	○	○	○	○	○
Es stört mich, wenn mein Partner einem Mädchen/ einem Jungen auf die Pinnwand schreibt.	○	○	○	○	○
Alles in alleim würde ich mich als einen eifersüchtigen Menschen charakterisieren.	○	○	○	○	○

Letzte Seite

Vielen Dank für Ihre Teilnahme!